# Sozialraumorientierte Schulsozialarbeit

Ludger Kolhoff
(Hrsg.)

# Sozialraumorientierte Schulsozialarbeit

Prozess- und Wirkungsevaluation des
Modellprojekts „Stadtteil in der Schule"

 Springer VS

*Herausgeber*
Ludger Kolhoff
Ostfalia Hochschule für angewandte
Wissenschaften
Hochschule Braunschweig/Wolfenbüttel
Wolfenbüttel, Deutschland

ISBN 978-3-658-20306-1      ISBN 978-3-658-20307-8   (eBook)
https://doi.org/10.1007/978-3-658-20307-8

Die Deutsche Nationalbibliothek verzeichnet diese Publikation in der Deutschen National-
bibliografie; detaillierte bibliografische Daten sind im Internet über http://dnb.d-nb.de abrufbar.

Springer VS
© Springer Fachmedien Wiesbaden GmbH, ein Teil von Springer Nature 2018

Gedruckt auf säurefreiem und chlorfrei gebleichtem Papier

Springer VS ist ein Imprint der eingetragenen Gesellschaft Springer Fachmedien Wiesbaden GmbH
und ist ein Teil von Springer Nature
Die Anschrift der Gesellschaft ist: Abraham-Lincoln-Str. 46, 65189 Wiesbaden, Germany

# Inhalt

# Abbildungsverzeichnis

# Zur Evaluation des Modellprojekts „Stadtteil in der Schule"

Ludger Kolhoff

Das Modellprojekt „Stadtteil in der Schule" hat sich das Ziel gesetzt, in den durch eine besonders hohe Kinderarmut gekennzeichneten Sozialräumen der drei Braunschweiger Grundschulen Altmühlstraße, Bebelhof und Rheinring, vorhandene Strukturen und Ressourcen zu nutzen, um Teilhabechancen von Kindern zu erhöhen. Anders als klassische Ansätze der Schulsozialarbeit orientiert es sich nicht an individuellen Problemen. Es ist nicht Einzelfall-, sondern Sozialraumorientiert und hat das Gesamtsystem im Blick, also Schülerinnen und Schüler, Eltern, die schulischen MitarbeiterInnen, aber auch die Akteure des Gemeinwesens. „Stadtteil in der Schule" versucht Ressourcen der Schule und der Zivilgesellschaft für Kinder zu nutzen und nutzt Techniken der Netzwerkarbeit.

Das Modellprojekt wird von der Bürgerstiftung Braunschweig, der Richard-Borek-Stiftung und der Stiftung Braunschweiger Kulturbesitz finanziert. Die Stadt Braunschweig und die Diakonie im Braunschweiger Land sind Partner im Projekt.

Das Projekt ist für einen Zeitraum von drei Jahren (2014–2017) konzipiert und evaluiert worden. Der Evaluationsansatz orientiert sich am Struktur-Prozess-Wirkungs-Modell und umfasst folglich die Phasen der Struktur-, Prozess- und Wirkungsevaluation, um ausgehend von differenzierten Aussagen in den Sozialräumen, Ziele für die Prozessevaluation zu entwickeln, den Prozess einzuleiten und zu begleiten und die Wirksamkeit des Projektes zu untersuchen.

© Springer Fachmedien Wiesbaden GmbH, ein Teil von Springer Nature 2018
L. Kolhoff (Hrsg.), *Sozialraumorientierte Schulsozialarbeit*,
https://doi.org/10.1007/978-3-658-20307-8_1

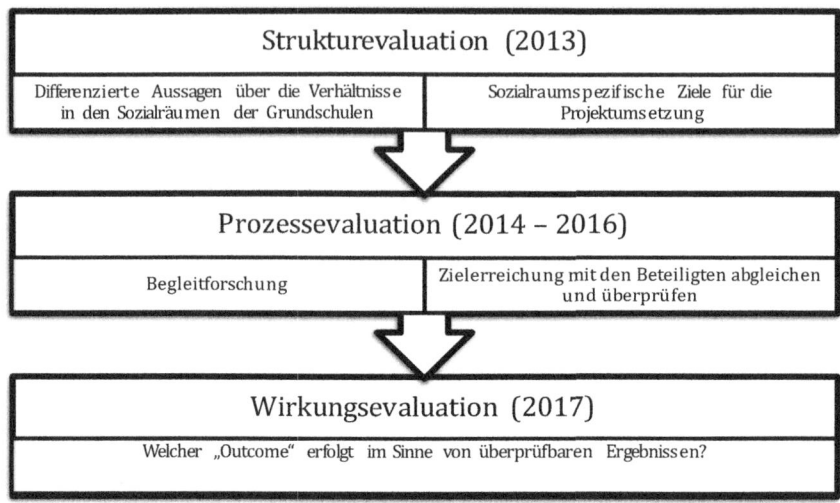

**Abb. 1**   Struktur-, Prozess-, Wirkungsevaluation

## 1.1   Strukturevaluation

Die das Projekt vorbereitende Strukturevaluation erfolgt 2013 und umfasst 2 Ebenen:

1. Eine allgemeine Erhebung in den Sozialräumen. Hierfür werden Materialien des Referates Stadtentwicklung und Statistik der Stadt Braunschweig z. B. zur Bevölkerungsstruktur und zu sozialen Merkmalen, zur wirtschaftlichen Situation, zur Wohnsituation, zur räumlichen Struktur der Sozialräume, zur politischen Struktur und zu Problemlagen ausgewertet. Es wird auf die Planungsbereiche der Jugendhilfe zurückgegriffen, die nicht immer deckungsgleich mit den Einzugsgebieten der Grundschulen sind, so dass hier leider einige Unschärfen zu verzeichnen sind. Weiterhin finden Sozialraumbegehungen und Interviews mit Akteuren im Sozialraum statt.
2. Ergänzt erfolgt eine schulspezifische Erhebung um differenzierte Aussagen über die Verhältnisse in den Sozialräumen der Grundschulen treffen zu können.

Im Folgenden werden einige der Ergebnisse präsentiert.

### 1.1.1    Grundschule Altmühlstraße

Das Einzugsgebiet der Grundschule Altmühlstraße befindet sich in den statistischen Planungsbereichen der Stadt Braunschweig 26 „Hermannshöhe" und 27 „Rothenburg". Die Grundschule Altmühlstraße liegt im Bezirk Rothenburg, ihr Einzugsbereich, der im Schaubild gelb unterlegt ist, erstreckt sich jedoch weitestgehend auf den Bezirk Hermannshöhe.

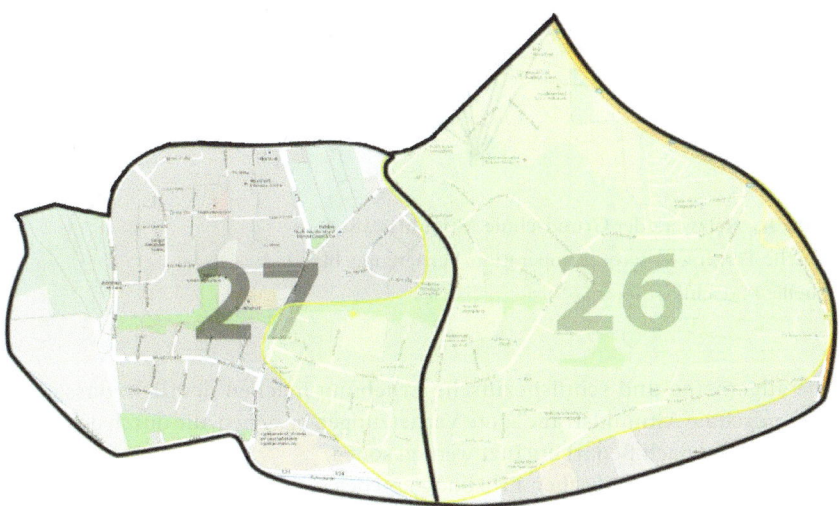

**Abb. 2**    Einzugsgebiet der Grundschule Altmühlstraße
Quelle: Marschik 2016, S. 46

Der Anteil der Kinder, die im „SGB II-Bezug" leben, liegt bei 44 bis 52,6 Prozent. In der Erhebung wird hervorgehoben, dass es in diesem Sozialraum viele aktive Akteure gibt, die sehr gut miteinander vernetzt sind. So existiert eine Vielzahl von Verbindungen zwischen den Kindertagesstätten und zwischen Grundschulen und Kindertagesstätten. Zahlreiche Impulse scheinen auch von einer evangelisch-lutherischen Gemeinde auszugehen (Marschik 2016, S. 45ff.).

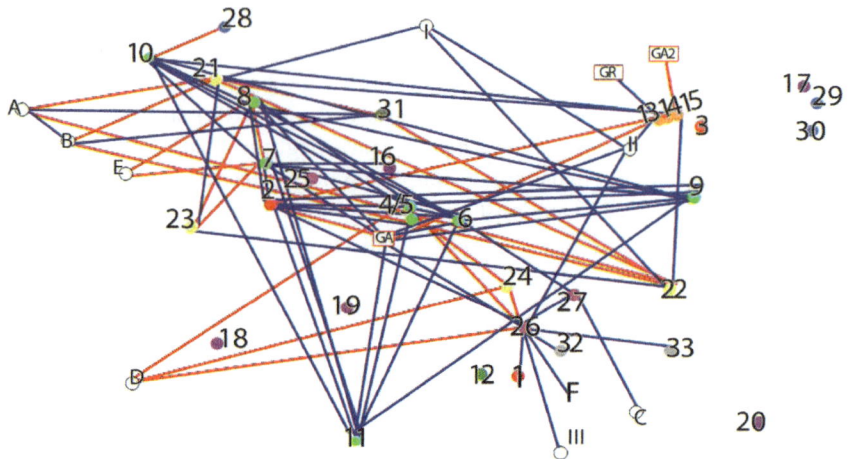

**Abb. 3**   Netzwerk der Grundschule Altmühlstraße
Gleiche Trägerschaft: rot; Kooperation/Vernetzung: blau
Quelle: Marschik 2016, S. 56

Die allgemeine und schulspezifische Erhebung machen deutlich, dass an der „Grundschule Altmühlstraße" gute Vernetzungen bestehen, die durch das Projekt gefestigt und nach Bedarf ergänzt werden sollen.

Aus der schulspezifischen Erhebung ergeben sich weiterhin Erwartungen, die sich in drei Bereiche einteilen lassen:

1. „Personelle Entlastung – Das Projekt „Stadtteil in der Schule" soll eine personelle Entlastung schaffen und die Schule in Gremien vertreten.
2. Integration der Eltern – Eine weitere Erwartung liegt in der besseren Beziehungsarbeit von Schule und Eltern. Die Kooperation soll gefördert und ausgebaut werden.
3. Bessere Vernetzung im Stadtteil – Kooperationspartner sollen identifiziert und möglichst effizient mit der Schule vernetzt werden, wobei bereits bestehende Kooperationen ausgebaut werden können.
4. Familiäre Struktur verbessern – Durch die 3 oben genannten Erwartungen, soll die familiäre Struktur der Schulkinder verbessert werden." (Galetzka und Liersch 2016, S. 85)

### 1.1.2    Grundschule Bebelhof

Der Sozialraum der Grundschule Bebelhof setzt sich aus den statistischen Bezirken 23 Zuckerberg und 22 Bebelhof zusammen. Der Einzugsbereich ist in der folgenden Abbildung wiederum gelb unterlegt.

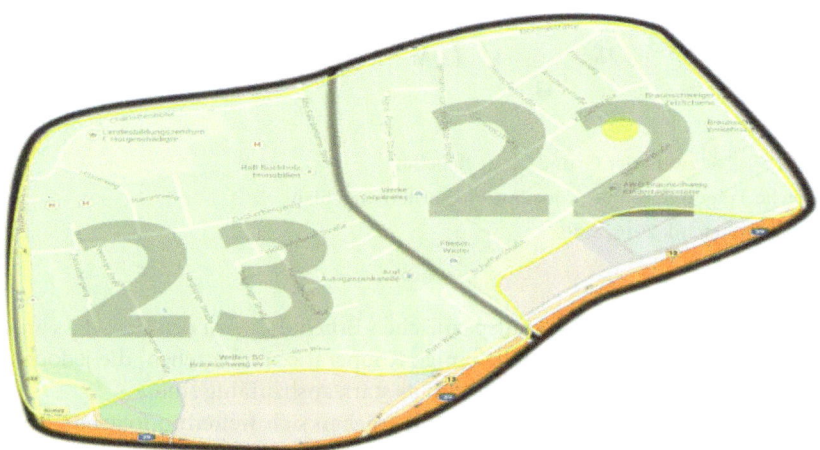

**Abb. 4**    Einzugsgebiet der Grundschule Bebelhof
Quelle: Marschik 2016, S. 71

Der Braunschweiger Bezirk Zuckerberg ist ein Villenviertel und wenn man sich hier den „SGB II-Bezug" der Kinder anschaut, dann stellt man fest, dass dieser bei 0 Prozent liegt, während er im Sozialraum Bebelhof 47,2 Prozent beträgt. (Die Kinder aus dem Bezirk Zuckerberg leben im Einzugsbereich der Grundschule Bebelhof, aber ihre Eltern schicken sie nicht auf die Grundschule Bebelhof, sondern z. B. auf Privatschulen.) Auffällig ist, dass es in der Grundschule Bebelhof wenig Kooperationen im Sozialraum gibt, auch wenn die Grundschule mit vielen Einrichtungen kooperiert. Doch diese liegen außerhalb des Sozialraums und es gibt auch wenige Vernetzungen zwischen diesen Einrichtungen. (Marschik 2016, S. 71ff.)

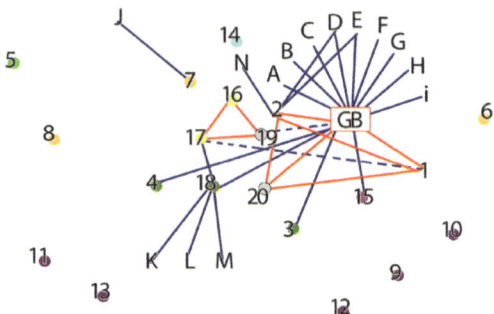

**Abb. 5**   Netzwerk der Grundschule Bebelhof
Gleiche Trägerschaft: rot; Kooperation/Vernetzung: blau
Quelle: Marschik 2016, S. 80

Aus der allgemeinen und schulspezifischen Erhebung wird deutlich, dass an der „Grundschule Bebelhof" bereits einige Kooperationen bestehen, die jedoch aus Sicht der Schulleitung noch alle leicht bis stark ausbaufähig sind.

Aus der schulspezifischen Erhebung ergeben sich weiterhin folgende Erwartungen an das Projekt:

1. „Integration der Eltern – Beratung und Informationen für die Eltern, um diese zu befähigen, ihre Kinder an Bildung teilhaben zu lassen.
2. Bessere Vernetzung im Stadtteil – Angebote erkennen, auf die Belange der Schule abstimmen und in die Schule integrieren.
3. Außenwirkung – Die Grundschule soll als Koordinationszentrum verstanden werden.
4. Struktur verbessern – Die Lebens- und Lernstruktur der Kinder soll insgesamt verbessert werden". (Galetzka und Liersch 2016, S. 94)

An der Grundschule Bebelhof stellt sich die Frage nach der Einbindung der Lehrkräfte, die nach Ansicht der Schulleitung schwerpunktmäßig ihren Bildungsauftrag verfolgen sollen.

## 1.1.2    Grundschule Rheinring

Die Grundschule Rheinring befindet sich im statistischen Bezirk 28 der Stadt Braunschweig.

**Abb. 6**    Einzugsgebiet der Grundschule Rheinring
Quelle: Marschik 2016, S. 58

Hier liegt der Anteil der Kinder aus „Hartz IV-Familien" bei 42,6 Prozent und die Netzwerke sind in diesem Sozialraum geringer ausgeprägt als im Sozialraum der Grundschule Altmühlstraße. (Marschik 2016, S. 57ff.)

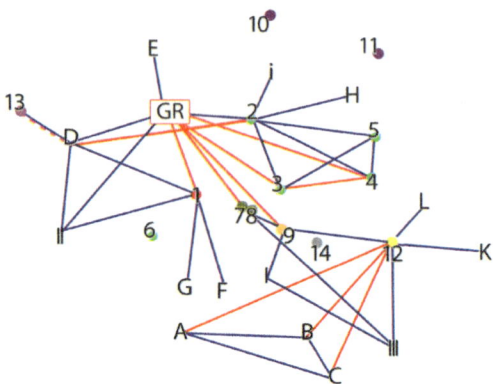

**Abb. 7** Netzwerk der Grundschule Rheinring
Gleiche Trägerschaft: rot; Kooperation/Vernetzung: blau
Quelle: Marschik 2016, S. 69

Aus der schulspezifischen Erhebung wird ersichtlich, dass von den Befragten eher Wert darauf gelegt wird, die bestehenden Kooperationen qualitativ aus-, als zu viele neue Kooperationen aufzubauen. Angestrebt wird bspw. aus Sicht der Schulleitung eher die Integration neuer Angebote für die Eltern, wie z. B. Erziehungsberatung oder Elterntrainings. Diese sollen niedrigschwellig und somit für alle Eltern zugänglich sein. Ziel ist es, die Eltern mehr in den Schulalltag zu integrieren.

Aus der schulspezifischen Erhebung ergeben sich weiterhin folgende Erwartungen an das Projekt:

1. „Integration der Eltern – Durch zusätzliche elternspezifische Angebote sollen die Eltern besser in den Schulalltag integriert und zur Mitarbeit motiviert werden.
2. Bessere Vernetzung im Stadtteil – Bestehende externe Angebote sollen bekannt gemacht und dann als Unterstützung der Grundschule integriert werden. Hierbei sollten die jeweiligen Ansprechpartner klar erkennbar sein.
3. Außenwirkung – Die Ganztagsschule soll als Begegnungsstätte im Stadtteil wahrgenommen werden". (Galetzka und Liersch 2016, S. 85)

Thematisiert wird auch hier die Einbindung des Kollegiums, da die Lehrerinnen und Lehrer sich laut Aussage der Schulleitung eher auf ihren Unterricht konzentrieren wollen.

## 1.2 Sozialraumspezifische Ziele

Aus den Ergebnissen der Strukturevaluation lassen sich sozialraumspezifische Projektziele ableiten.

### 1.2.1 Grundschule Altmühlstraße

Am Standort Altmühlstraße lassen sich aus den spezifischen Aussagen der Strukturanalyse folgende Projektziele ableiten:

| Spezifische Aussagen der Strukturanalyse | | Abgeleitete Projektziele |
|---|---|---|
| Freizeit-möglich-keiten | Es sind Freizeitmöglichkeiten durch zahlreiche Begegnungsstätten und Kirchengemeinden vorhanden, die ihre Räumlichkeiten für Gruppierungen des Stadtteils zur Verfügung stellen. | Vorhandene Strukturen sollten gestärkt werden. |
| Beratungs-angebote | Es sind Beratungsangebote wie Migrationsberatung, Jugendmigrationsdienst, Sozialberatung und Schuldnerberatung vorhanden. Problematisch ist die intransparente Struktur. | Beratungsangebote unterstützen, Transparenz herstellen. |
| Zentrale Akteure | Es werden folgende Akteure benannt: AGeWe, Stadtteilentwicklung e. V., Sozialstation DRK, AWO-Familienzentrum, Bürgerverein, Kulturpunkt West, Kinder- und Jugendzentrum Rotation, Kinder und Jugendzentrum Weiße Rose, Weststadtplenum. | Die zentralen Akteure sollten angesprochen und eingebunden werden. |
| Netzwerk- und Träger-strukturen. | Im Sozialraum existieren Netzwerk- und Trägerstrukturen. | Vorhandene Netzwerk- und Trägerstrukturen sollten weiter unterstützt werden. |
| | Impulse gehen von der Ev.-luth. Emmaus-Gemeinde aus. | Es sollte ein Kontakt zur Gemeinde hergestellt und gepflegt werden. |
| | Vereine, Johanniter und THW sind nicht eingebunden. | Vereine sowie Johanniter und THW sollten in die Netzwerkarbeit eingebunden werden. |

Quelle: Kolhoff 2016, S. 131

Hinzu kommen am Standort Altmühlstraße weitere Projektziele die aus geäußerten
Erwartungen abgeleitet werden, wie

- Öffentlichkeitsarbeit betreiben
- Transparenz über bestehende Angeboten herstellen, (Angebote sammeln und
  auf sie hinweisen, Internet oder/und Printmedien)
- Vernetzungen herstellen
- ehrenamtliches Engagement fördern
- Fokus zugunsten der non-formalen Bildung verschieben/Vorbehalte gegenüber
  Strukturen der Ganztagesschule abbauen
- Stadtteilzentren unterstützen und stabilisieren
- Verbindungen zum Sozialraum der Rheinring Grundschule, durch Netzwerke
  auf Stadtteilebene (AGeWe, Bürgerverein, Weststadtplenum, Kirchen)
  (Kolhoff 2016, S. 131)

Auch aus der qualitativen schulspezifischen Erhebung werden Projektziele abgeleitet, wie:

- Vertretung der Schule in Gremien
- personelle Entlastung
- stärkere Integration der Eltern; Verbesserung der Beziehungsarbeit
- bessere Vernetzung der Schule im Stadtteil. Kooperationspartner identifizieren
  und mit der Schule effizient vernetzen, bestehende Kooperationen ausbauen
- familiäre Struktur verbessern
- Unterstützung bestehender Kooperationen
  ○ Die bestehenden Kooperationen sind sehr gut und sollten intensiviert und
    durch neue Partner ausgedehnt werden. Eltern sollten stärker beteiligt werden
  ○ vorhandene Ressourcen nutzen
  ○ strukturelle, insbesondere räumliche Ressourcen nutzen
  ○ finanzielle Ressourcen nutzen und weiter ausbauen
- auf gute personelle Ressourcen, die gute innerschulische Vernetzung aufbauen
- auf bestehende Strukturen aufbauen
  ○ bestehende Vernetzungen festigen und ergänzen
  ○ Pflege bestehender Kooperationspartner
- Elternarbeit verbessern
- das Feld der Primärprävention, insbesondere im Bereich Gesundheit, ausbauen
- Sozialkompetenz-Trainings aufbauen
- Rolle der Lehrkräfte definieren und mit den Lehrkräften abklären. (Kolhoff
  2016, S. 132)

Aus der quantitativen schulspezifischen Erhebung können folgende Ziele abgeleitet werden:

| Aussagen der quantitativen Erhebung | | Abgeleitete Projektziele |
|---|---|---|
| Unentschuldigten Fehltage | Hohe Anzahl an unentschuldigten Fehltagen | Gründe für die hohe Anzahl unentschuldigter Fehltage eruieren |
| Klassenspezifische Zusatzangebote | Es ist keine Übersicht über klassenspezifische Zusatzangebote vorhanden. | Zusammenstellung klassenspezifischer Zusatzangebote erstellen |
| Erziehungs-beratung | Erziehungsberatung wird als sehr wichtig angesehen | Wünsche und Erwartungen der Eltern erfragen. |

Quelle: Kolhoff 2016, S. 132f.

Die Ziele werden geclustert und 5 Rahmenzielen zugeordnet, die bis 2017 erreicht werden sollen:

RZ 1:  Primärprävention, insbesondere im Bereich Gesundheit, Ernährung und soz. Verhalten ausbauen

RZ 2:  Elternarbeit verbessern

RZ 3:  Vorhandene Ressourcen nutzen und ausbauen um schulische Akteure zu entlasten

RZ 4:  Öffnung der Schule nach außen

RZ 5:  Netzwerkarbeit (Kolhoff 2016, S. 143f.)

# Es ergibt sich die folgende Zielplanung:

---

**RZ 1: Primärprävention, insbesondere im Bereich Gesundheit, Ernährung und soz. Verhalten ausbauen**

- EZ 1.1.: Außerschulisches Bildungsangebot
- EZ 1.2: Aktivierung der Lehrer, um die Sozialkompetenztrainings weiterzuführen und Steigerung der Wirksamkeit der Sozialkompetenztrainings
- EZ 1.3: Verbesserung des sozialen Verhaltens
- EZ 1.4: Ernährungsbewusstsein fördern
  - Eigeninitiative bei der Ernährungszubereitung fördern

**RZ 2: Elternarbeit verbessern**

- EZ 2.1: Eltern aktivieren
- EZ 2.2: Allgemeine niedrigschwellige Sozial- und Lebensberatung für Eltern
- EZ 2.3: Information, zu speziellen Themen wie z.B. zum Bildungs- und Teilhabepaket
- EZ 2.4: Kontakt zu Problemfamilien herstellen, um die hohe Anzahl unentschuldigter Fehltage zu reduzieren
- EZ 2.5: Sinti- und Romaeltern sind in der Schule stärker integriert
- EZ 2.6: Teilnehmerzahl an Elternabenden erhöhen
- EZ 2.7: Stärkung der Elternkompetenz (Sprache, Erziehung)
- EZ 2.8: Pos. Sicht auf versch. kulturelle Elterngruppen
- EZ 2.9: Lehrer und päd. MA erwerben interkulturelle Kompetenzen für einen adäquaten Umgang mit den Eltern

**RZ 3: Vorhandene Ressourcen nutzen und ausbauen um schulische Akteure zu entlasten**

- EZ 3.1: Freizeitangebote nachhaltig ermöglichen
- EZ 3.2: Finanzielle Ressourcen weiter ausbauen
- EZ 3.3: Klassenspezifischer Zusatzangebote um Gruppenentwicklung zu stärken
- EZ 3.4: Auf gute personelle Ressourcen, die gute innerschulische Vernetzung aufbauen
- EZ 3.5: Entlastung der Lehrer
- EZ 3.6: Entlastung der Schulleitung
- EZ 3.7: Rolle von Frau Reichelt ist geklärt

**RZ 4: Öffnung der Schule nach außen**

- EZ 4.1: Kooperation zur Jugendfeuerwehr
- EZ 4.2: Außerschulisches Sprachangebot für Kinder
- EZ 4.3: Schulfrühstück als kommunikativer Ort für niederschwellige Beratung, Gesundheitsförderung ,
- EZ 4.4: Partizipation von Eltern und Schülern wird von Elternmitarbeit getragen und entwickelt sich ggf zu einem Elterncafe

**RZ 5: Netzwerkarbeit**

- EZ 5.1: Beratungsangebote unterstützen, Transparenz herstellen und Öffentlichkeitsarbeit betreiben
- EZ 5.2: Vorhandene Netzwerk- und Trägerstrukturen unterstützen, auf bestehende Strukturen aufbauen, bestehende Vernetzungen festigen und ergänzen
- EZ 5.3: Zusammenarbeit mit den Akteuren im Sozialraum pflegen, um vorhandene externe Unterstützungsangebote zu stabilisieren und ggf .neue Unterstützungsangebote zu akquirieren
- EZ 5.4: Herstellung einer Kooperation mit einer Organisation die Sinti und Roma unterstützen
- EZ 5.5: Übergänge zwischen den, Betreuungs-. Bildungsinstitutionen ist verbessert
- EZ 5.6: Ehrenamtliches Engagement wird gefördert
- EZ 5.7: Vorbehalte gegenüber Strukturen der Ganztagsschule abbauen und informelle Bildungsanbieter in den Nachmittagsbereich der Ganztagsschule holen
- EZ 5.8: Kooperation mit Stadtteiltreffpunkten aufbauen und pflegen.
- EZ 5.9: Verbindungen zum Sozialraum der Rheinring-Grundschule herstellen.
- EZ 5.10: Vertretung der Schule in Gremien der Weststadt.

**Abb. 8**   Projektziele für den Sozialraum der Grundschule Altmühlstraße
Quelle: Kolhoff 2016, S. 146

Die aus der Strukturevaluation abgeleitete Zielplanung wird zur Blaupause für die Umsetzungs- und Prozessevaluationsplanung des Projektes. Es werden sozialraumspezifische Rahmenziele für die Projektumsetzung abgeleitet. Zu jedem Rahmenziel werden in moderierten Workshops Ergebnisziele und Indikatoren entwickelt, die die Zielerreichung anzeigen. Weiterhin werden Kriterien der Nachprüfbarkeit formuliert und zielführender Arbeitsabläufe entwickelt. D. h. für jedes Einzelziel werden Maßnahmen, Zuständigkeiten, Zeitplanungen und Ressourcen festgelegt und in Planungsübersichten festgehalten, in denen deutlich wird, wer, womit, wann, was, warum und wozu machen soll (Kolhoff und Gebhardt 2016).

| Wer (macht) | Organisationsperspektive | | |
|---|---|---|---|
| Womit | Ressourcen | | |
| Wann | Zeitschiene | | |
| Was | Maßnahme | | |
| Warum | Ergebnisziel | Wie nachgewiesen | Indikator |
| | | Wo nachprüfbar | Quelle der Nachprüfbarkeit |
| Wozu | Rahmenziel | | |

**Abb. 9**  Struktur der Planungsübersichten

Am Standort Altmühlstraße ergibt sich z. B. für das zum RZ 1 gehörige EZ 1.1. die folgende Planungsübersicht (s. nächste Seite).

Nach dem gleichen Muster erfolgte die Umsetzungsplanung zu den weiteren Ergebniszielen zum Rahmenziel 1 und natürlich auch zu den folgenden Rahmen- und Ergebniszielen.

RZ 1: Primärprävention, insbesondere im Bereich Gesundheit, Ernährung und soz. Verhalten ausbauen

| Organisations-perspektive | Ressource | Zeitschiene | Kategorie | Maßnahme | Quellen der Nachprüfbarkeit | Indikator | Zugehöriges Ergebnisziel |
|---|---|---|---|---|---|---|---|
| Frau R. (Herstellung der Kooperation: Johanniter (THW, o. a.)) | • Räume, • evtl. AG • Honorar | Start nächstes Schuljahr Nach Absprache mit den Kooperations-partnern | 1 | Schulsanitäter ausbilden als AG installieren (Ersthilfe) | Feldnotizen | Stattgefunden ja/ nein | EZ 1.1. Außerschulisches Bildungsangebot |
| | | | | Kooperationen aufbauen: Johanniter, Ersthelfer für morgen, Schulsanitäter ausbilden | Interview mit der Einrichtung die Schulsanitäter ausbildet z. B. Johanniter? | engere Zusammenarbeit (öfter als nur einmal) | Schulsanitäter werden tätig, neue belastbare Kooperationen |
| | | | | Kooperation mit Eltern und Kinder – regelmäßig z. B. für ¼ Jahr für Kinder und Eltern Krankenkasse (Barmer GEK) | Feldnotizen | Strukturen gebildet (AGs etc.) Beteiligung von 14 SchülerInnen | Bereicherung des Schullebens |

Quelle: Kolhoff 2016, S. 153

## 1.2.2 Grundschule Bebelhof und Grundschule Rheinring

Das gleiche Verfahren wird auch für die Standorte der Grundschulen Bebelhof und Rheinring und angewandt, so dass sich hier folgende Projektziele ergeben.

---

**RZ 1: Kooperation mit den Eltern verbessern**

- EZ 1.1 Beratung, Information von Eltern, um sie zu befähigen, die Gesundheit (körperlich, psychisch) ihrer Kinder zu fördern und/ oder ihre Kinder an Bildung teilhaben zu lassen
- EZ 1.2 Beratungsangebote zur Erhöhung der Erziehungskompetenz werden in Anspruch genommen.
- EZ 1.3 Verständnis der Eltern für das Schulsystem erhöhen, um die schulische Laufbahn der Kinder zu fördern. (Aktive Beteiligung der Eltern an Schulgremien)
- EZ 1.4 Gewählte Elternvertreter werden informiert und ggf. aktiviert
- EZ 1.5 Absprache mit externen Akteuren um Eltern auf ihre neue Rolle vorzubereiten und ihr Verständnis bezüglich des gesundheitlichen und sozialen Entwicklungsstands der Kinder zu erhöhen und ggf. Fördermaßnahmen einzuleiten

**RZ 2: Teilhabemöglichkeiten von Kindern (in besonderen Lebenslagen) am Leben in der Gemeinschaft erhöhen**

- EZ 2.1 Schulische und außerschulische Freizeitangebote für Kinder in besonderen Lebenslagen werden erhöht und von den Kindern angenommen.

**RZ 3: Netzwerkarbeit (Grundschule als Koordinationszentrum um vorhandene Kooperationen zu stärken und neue zu rekrutieren)**

- EZ 3.1 Bestehende Netzwerke zum Übergang Kita-Grundschule Bebelhof werden gepflegt und neue geknüpft.
- EZ 3.2 Erzieherinnen in den Kitas sind über die Anforderungen der Schule informiert.
- EZ 3.3 Kooperationen mit weiterführenden Schulen um den Übergang von Grundschulen auf weiterführende Schulen für Eltern und Kinder zu erleichtern und somit den Lernstart zu verbessern.
- EZ 3.4 Kooperationspartner zur Förderung der Lernentwicklung aktivieren
- EZ 3.5 Niedrigschwellige Beratungsangebote in der Schule
  - (Kooperation mit
    - ASD,
    - Erziehungsberatung
    - Büro für Migrationsfragen
    - Kinderschutzbund aufbauen und
- Optimierung der Zusammenarbeit mit dem Kinder und Familienzentrum)
- EZ 3.6 Optimierung der Zusammenarbeit mit dem Jugendzentrum
- EZ 3.7 Kooperationspartner für interkulturelle Projekte aktivieren
- EZ 3.8 Bestehende Kooperationen
  - „Schenk mir eine Stunde, Klasse 2000, Brückenjahr, Jugendzentrum TiB,
  - Löwenkids „ festigen und ausbauen
- EZ 3.9 Bewährte AGs beibehalten, neue u.a. interkulturelle/ inklusive AGs initiieren
- EZ 3.10 Kooperation mit der Hans-Würtz-Schule fördern
- EZ 3.11 Abstimmung zwischen Grundschule Bebelhof und Hans-Würtz-Schule hinsichtlich Unterrichtsanfängen und Pausenzeiten
- EZ 3.12 Die bereits vorhandene Ehrenamtsstruktur sollte weiter ausgebaut werden.
- EZ 3.13 Kooperation mit dem Haus der Begegnung der Lebenshilfe (inklusive Begegnungen ermöglichen)
- EZ 3.14 Schlüsselpersonen im Sozialraum informieren
- EZ 3.15 OGS MA informieren und ggf. aktivieren
- EZ 3.16 Zusätzliche räumliche Ressourcen für das Projekt akquirieren

---

**RZ 4: LehrerInnen in die Planung und Umsetzung des Projektes mit aufnehmen**

- EZ 4.1 Das Kollegium wird informiert
- EZ 4.2 LehrerInnen werden nach Bedarf aktiviert und sind bereit sich ehrenamtlich im Projekt zu engagieren

**Abb. 10** Projektziele für den Sozialraum der Grundschule Bebelhof
Quelle: Kolhoff 2016, S. 206

RZ 1: Bewegung, Ernährung und Gesundheit

- EZ 1.1: Schultag durch Bewegung rhythmisieren
- EZ 1.2: Angebote zu Bewegung und Gesundheit werden in die Schule geholt
- EZ 1.3: Ernährungsbewusstsein der Kinder, aber auch der Eltern schärfen

RZ 2: Elternarbeit

- EZ 2.1: Integration der Eltern durch zusätzliche elternspezifische Angebote
- EZ 2.2: Identifikation mit der Schule
- EZ 2.3: Kooperation mit engagierten Eltern stabilisieren
- EZ 2.4: Ansprechpartner für Eltern auch bei Anträgen u. ä. (kulturelle Hintergründe der Eltern berücksichtigen)
- EZ 2.5: Erziehungskompetenz der Eltern stärken

RZ 3: Teilhabemöglichkeiten am Leben in der Gemeinschaft trotz finanzieller Armut

- EZ 3.1: Das Freizeit- und kulturelle Angebot soll erweitert werden

RZ 4: Es sollten Beratungsangebote in die Schule geholt werden

- EZ 4.1: Migrationsspezifische Angebote sollen in den Sozialraum geholt werden
- EZ 4.2: Angebote zur Qualifizierung der Eltern und sozialen Beratung sollen in den Sozialraum geholt werden
- EZ 4.3. Leistungen der Ämter und Behörden sollen im Sozialraum angeboten werden

RZ 5: Netzwerkarbeit

- EZ 5.1: Netzwerkmanagement aufbauen
- EZ 5.2: Bestehende Kooperationen nutzen und qualitativ ausbauen (vorhandene Beteiligungskultur fördern und unterstützen)
- EZ 5.3: Ressourcen akquirieren
- EZ 5.4: Generationenübergreifende Angebote
- EZ 5.5: Das ehrenamtliche Engagement soll weiter unterstützt und stabilisiert werden
- EZ 5.6: Verbesserung der Netzwerkqualität, Verbesserung der Personalstruktur
- EZ 5.7: Verbindung zwischen Einrichtungen und Akteuren aufbauen

RZ 6: Akzeptanz gegenüber Einrichtungen der Ganztagsschule fördern

- EZ 6.1: Es sollen Freiräume möglich sein (gegenseitige Akzeptanz, Anerkennung nonformaler Bildung)

RZ 7: Ressourcenmanagement

- EZ 7.1: Vorhandene räumliche Ressourcen stärker nutzen
- EZ 7.2: Verständigung über die Nutzung der Sporthalle, des Sportplatzes und der Mensa
- EZ 7.3: Positiv besetzte Projekte wie den Pausenkiosk etc. wieder aktivieren
- EZ 7.4: Auch die Lehrer unterstützen, die sich stärker auf das Unterrichtsgeschehen konzentrieren
- EZ 7.5: Befragung zum Themenfeld Migrationshintergrund
- EZ 7.6: Kulturelle Hintergründe zu den Lebenswelten von Schülern und Eltern in Fortbildungen für die LehrerInnen und pädagogischen Fachkräfte aufarbeiten

**Abb. 11** Projektziele für den Sozialraum der Grundschule Rheinring

Quelle: Kolhoff 2016, S. 175

## 1.2    Prozessevaluation

Die Umsetzungsphase von „Stadtteil in der Schule" beginnt 2014 und wird wissen-
schaftlich begleitet. Es erfolgen Prozessevaluationen ab dem Schuljahr 2014/2015 bis
zum Ende des ersten Schulhalbjahres 2016/2017. Die einzelnen Aktivitäten werden
detailliert erfasst und dokumentiert, um die Zielerreichung des Projektes mit den
Beteiligten abgleichen und überprüfen zu können. In jedem Schulhalbjahr erfolgt
eine kontinuierliche Selbstevaluation durch die Mitarbeiterinnen von „Stadtteil in
der Schule" die dabei durch Studierende unterstützt werden. Die Selbstevaluationen
orientieren sich an den Ergebniszielen und den entsprechenden vorher festgelegten
Quellen der Nachprüfbarkeit, die zur Steuerung der Datenerhebung formuliert
wurden. Die Erhebungsergebnisse werden dokumentiert (Beobachtende, Maßnahmen, Beobachtungen, Informationen (Quellen)).

Die dann folgende Bewertung orientiert sich an Indikatoren, die zu jedem
Ergebnisziel formuliert wurden, bevor mit dem Projekt begonnen wurde. Die
Bewertung erfolgt durch dritte, nicht an der Selbstevaluation beteiligte Personen,
so dass eine Trennung von Beobachter- und Bewertungsebene gewährleistet ist.
(Überprüft wird, ob Indikatoren angezeigt werden oder nicht. Wenn bspw. 5 von
10 Indikatoren angezeigt werden, gilt ein Ziel als zu ca. 50 % erreicht).

Die Ergebnisse werden im Sinne einer kommunikativen Validierung an die Sozialarbeiterinnen und die sie unterstützenden Studierenden in moderierten Workshops
zurückgespiegelt, so dass Unklarheiten und Unschärfen in den Dokumentationen
der Selbstevaluationen korrigiert und abgestimmte Prozessevaluationsberichte
erstellt werden können.

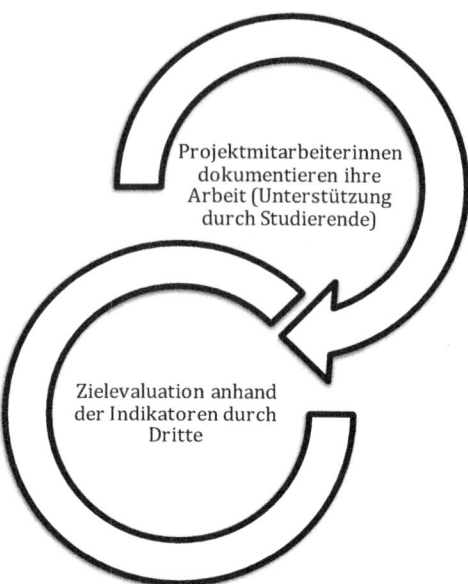

**Abb. 12** Prozessevaluation

Es werden Prozessevaluationen für das

- Erste Schulhalbjahr 2014/2015
- Zweite Schulhalbjahr 2014/2015
- Erste Schulhalbjahr 2015/2016
- Zweite Schulhalbjahr 2015/2016 und
- Erste Schulhalbjahr 2016/2017 erstellt.

Ein Abdruck der Prozessevaluationen würde den Rahmen dieser Publikation sprengen.[1] Doch um einen Eindruck zu vermitteln, werden in einer tabellarischen Übersicht beispielhaft die Ergebnisse der Prozessevaluation des 1. Schulhalbjahres 2015/16 an der Grundschule Bebelhof zum Rahmenziel 3 „Netzwerkarbeit, Grundschule als Koordinationszentrum, um vorhandene Kooperationen zu stärken und neue zu rekrutieren" dargestellt.

---

1    Allein die Anlagen zu den Prozessevaluationen umfassen ca. 1200 S. (siehe Quellenverzeichnis).

**Tabellarische Übersicht der Ergebnisse zum RZ 3: „Netzwerkarbeit (Grundschule als Koordinationszentrum um vorhandene Kooperationen zu stärken und neue zu rekrutieren)" des 1. Schulhalbjahres 2015/16 an der Grundschule Bebelhof**

| Ergebnisziel | Indikator | Zielerreichung |
|---|---|---|
| Ergebnisziel (EZ) 3.1: Bestehende Netzwerke zum Übergang Kita – Grundschule Bebelhof werden gepflegt und neue geknüpft | 5 Kooperationsvereinbarungen: Kooperationsvereinbarungen mit 3 Kitas (darunter 2 Familienzentren) werden wiederbelebt Es gibt 2 Kooperationsvereinbarungen mit den beiden neugegründeten Kitas | Zielerreichung ca. 80 % |
| Ergebnisziel (EZ) 3.2: Erzieherinnen in den Kitas sind über die Anforderungen der Schule informiert | Teilnahme von mindestens 1 Mitarbeiterin der Kitas (mit oder ohne Kinder) an den schulischen Hospitationsangeboten | Ziel erreicht |
| Ergebnisziel (EZ) 3.3: Kooperation mit weiterführenden Schulen um den Übergang von Grundschulen auf weiterführende Schulen für Eltern und Kinder zu erleichtern und somit den Lernstart zu verbessern | 4 verschriftliche Absprachen Die teilnehmenden Lehrer der weiterführenden Schulen werden 1x pro Jahr über die GS informiert | Ziel wurde in Ansätzen erreicht |
| Ergebnisziel (EZ) 3.4: Kooperationspartner zur Förderung der Lernentwicklung aktivieren | 3 Projekte werden durch die Einrichtung des Projektes „Schenk mir eine Stunde" unterstützt 5 Einzelfördermaßnahmen werden durch die Einrichtung des Projektes „Schenk mir eine Stunde" unterstützt Vertrag mit Zentrum für Lerntherapie | Ziel zu 1/3 erreicht |

| Ergebnisziel | Indikator | Zielerreichung |
|---|---|---|
| Ergebnisziel (EZ) 3.5: Niederschwellige Beratungsangebote in der Schule (Kooperation mit ASD, Erziehungsberatung, Büro für Migrationsfragen, Kinderschutzbund aufbauen und Optimierung der Zusammenarbeit mit dem Kinder und Familienzentrum) | 1x im Monat Sprechstunde des ASD ASD (1 HJ. Austausch MA) 1x im Monat Sprechstunde der Erziehungsberatung Einladung in die Teamsitzung der Erziehungsberatung Angebot des Familienzentrums nach Absprache mit der Schule Kifaz (1 gemeinsames Angebot, pro Sj und Nutzung von Synergieeffekten) 1x im Sj. Gespräch mit der Leitung des Büros für Migrationsfragen Einstiegsgespräch mit dem Kinderschutzbund | Ziel in Ansätzen erreicht |
| Ergebnisziel (EZ) 3.6: Optimierung der Zusammenarbeit mit dem Jugendzentrum (JuZe) | 4 x im Jahr Treffen mit dem Jugendzentrum 1 Angebot pro Hj. des Jugendzentrums im AG Plan 1 x pro Monat ein Pausenangebot des Jugendzentrums auf dem Schulhof | Ziel erreicht |
| Ergebnisziel (EZ) 3.7: Kooperationspartner für interkulturelle Projekte aktivieren | 1–2 Informationsgespräche pro Schuljahr Mind. 1 Projekt findet pro Schuljahr statt | Das Ziel wurde zu ca. 75 % erreicht |
| Ergebnisziel (EZ) 3.8: Bestehende Kooperationen „Schenk mir eine Stunde", „Klasse 2000", „Brückenjahr", „Jugendzentrum TiB", „Löwenkids" festigen und ausbauen | Kooperationen „Schenk mir eine Stunde", „Klasse 2000", „Brückenjahr", „Jugendzentrum TiB", „Löwenkids" bestehen weiterhin Maßnahmen finden weiter statt und werden ausgebaut | Ziel wurde zu ca. 70 % erreicht |
| Ergebnisziel (EZ) 3.9: Bewährte AGs beibehalten, neue u. a. interkulturelle/ inklusive AGs initiieren | AGs bestehen weiter AGs werden neu initiiert | Ziel nicht erreicht |
| Ergebnisziel (EZ) 3.10: Kooperation mit der Hans-Würtz-Schule fördern | Mindestens 1 Absprache pro Hj. mit Schulleitung, Lehrkräften und/oder Pädagogischen MA Mindestens 1 x pro Hj. gemeinsame Sitzung mit dem Schülerrat der HWS/ 1 gemeinsame Aktivität der Schüler pro Sj. | Ziel erreicht |

| Ergebnisziel | Indikator | Zielerreichung |
|---|---|---|
| Ergebnisziel (EZ) 3.11: Abstimmung zwischen Grundschule Bebelhof und Hans-Würtz-Schule hinsichtlich Unterrichtsanfängen und Pausenzeiten | Gespräche der Schulleitungen haben stattgefunden | Ziel nicht erreicht |
| Ergebnisziel (EZ) 3.12: Die bereits vorhandene Ehrenamtsstruktur soll weiter ausgebaut werden | 2 x im Jahr gemeinsame/ inklusive Bastelaktion mit Schülern | Ziel erreicht |
| Ergebnisziel (EZ) 3.13: Kooperation mit dem Haus der Begegnung der Lebenshilfe (inklusive Begegnungen ermöglichen) | 2 x im Jahr gemeinsame/ inklusive Bastelaktion mit SchülerInnen | Ziel nicht erreicht |
| Ergebnisziel (EZ) 3.14: Schlüsselpersonen im Sozialraum informieren" | Gespräche z. B. mit dem Schulvorstand, Agentur für Arbeit (BuT), Ärzten haben stattgefunden | Ziel zu 1/3 erreicht |
| Ergebnisziel (EZ) 3.15: OGS MitarbeiterInnen informieren und gegebenenfalls informieren | Stadtteil in der Schule ist mindestens 1 x pro Hj. Thema in einer Dienstbesprechung der OGS MA OGS MA arbeiten gemäß dem von Frau S. ermittelnden Bedarf im Projekt mit | Ziel erreicht |
| Ergebnisziel (EZ) 3.16: Zusätzliche räumliche Ressourcen für das Projekt akquirieren | Wenn ein Raum zur Verfügung steht, der bisher nicht von der Grundschule genutzt wurde und dieser Raum vorrangig für das Projekt genutzt werden kann | Ziel erreicht |

Die Projektevaluationen dienen zur Information der am Projekt beteiligten Stakeholder und dem Projektmonitoring und -controlling. Durch die kontinuierlichen Prozessevaluationen konnten Schwachstellen erkannt und entsprechend nachgesteuert werden.

## 1.3    Steuerung

In dem Projekt wirken verschiedene Akteure zusammen. So stehen die Akteure
der Sozialräume im Mittelpunkt der strategischen Zielplanung, denn aus den So-
zialraumanalysen werden die Ziele des Projektes abgeleitet. Die Mitarbeiterinnen
entwickeln Maßnahmen, um diese Ziele zu erreichen und stehen im Mittelpunkt
der operativen Planung. Ihre Aufgabe ist es, Konzepte zu entwickeln, in bestehende
Netzwerke zu integrieren und neue Netzwerkstrukturen aufzubauen. Weiterhin
gibt es einen Steuerungskreis, in dem Entscheidung getroffen werden. In diesem
Steuerungskreis sind der Vorstandsvorsitzende der Bürgerstiftung Braunschweig,
Vertreter der Richard Borek Stiftung und der Stiftung Braunschweiger Kulturbesitz
vertreten, weiterhin die Sozial-, Schul-, Gesundheits- und Jugenddezernentin der
Stadt Braunschweig, die Dezernentin für Grundschulen der Landesschulbehörde
Niedersachsen und der Geschäftsführer der Diakonie im Braunschweiger Land.

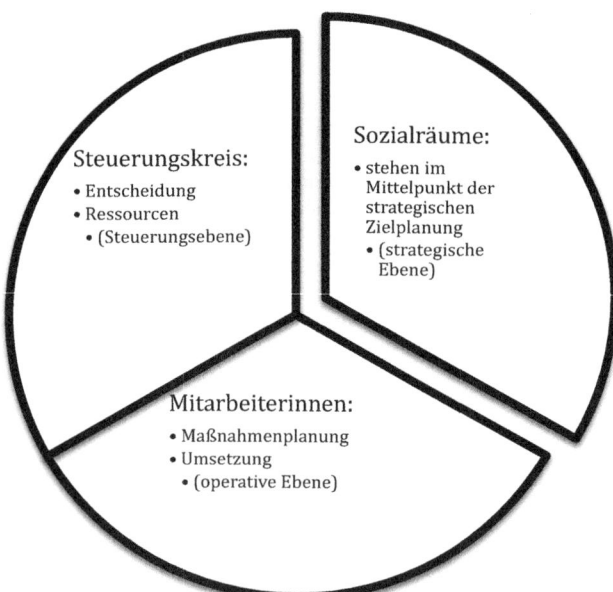

**Abb. 13** Strategische-, operative-, Steuerungsebene

## 1.4 Wirkungsevaluation

Allgemein betrachtet sind Wirkungen Ergebnisse von Leistungen für deren Erstellung Ressourcen zur Verfügung gestellt werden, doch was im Detail unter Wirkung verstanden wird, ist oftmals eine Frage der Betrachtungsweise. Denn gerade im sozialen Bereich wird die Wirksamkeit von Maßnahmen von vielen Faktoren beeinflusst und ist z. B. stark von der Mitwirkung der AdressatInnen abhängig. Es gibt eine Fülle von Parametern, die sich gegenseitig durchdringen. Überprüfbar ist die Erreichung von Zielen. Hierzu werden, im Sinne eines Updates der Strukturevaluation aus dem Jahre 2013, statistische Daten ausgewertet. Weiterhin werden die Prozessevaluationen von fünf Schulhalbjahren ausgewertet. Es erfolgt eine systematische Auswertung der im Rahmen des Projekts durchgeführten Prozesse im Sinne einer Contentanalyse der Prozessevaluationen. Ergänzend werden weitere Erhebungen durchgeführt, um Veränderungen und Wirkungen zu erfassen. Hierzu werden problemzentrierte Interviews mit internen und externen Stakeholdern, an den drei Standorten durchgeführt und ausgewertet.

Zur Auswertung kommt ein Kategorienmodell zum Einsatz. Das Projekt erzielt Wirkungen der Kategorie 1, wenn die Ziele des Projektes erreicht werden. Wirkungen der Kategorie 2 gelten als erreicht, wenn die Zielgruppen in gewünschter Art erreicht werden. Wirkungen der Kategorie 3 gelten als erzielt, wenn es erwünschte Auswirkungen auf Strukturen in den Schulen und in den Sozialräumen gibt.

**Abb. 14** Kategorienmodell

# Aktualisierung der Strukturevaluation

**2**

Bastian Thiedau

2013 wurde eine Strukturevaluation durchgeführt, die im Folgenden aktualisiert wird. Das für die Strukturevaluation benutzte Datenmaterial bezog sich auf den Stichtag 31.12.2012, die Datensätze der Aktualisierung beruhen auf den Stichtagen 13.12.2014, 31.12.2015 oder 31.12.2016. 2013 erfolgten darüber hinaus Netzwerkanalysen und Sozialraumbegehungen, um das Bild zu vervollständigen. In der Strukturanalyse aus dem Jahre 2013 heißt es:

> „Basis der Analyse bilden Daten des Amtes für Stadtentwicklung und Statistik der Stadt Braunschweig. Sozialräume beinhalten immer individuelle Anteile, da sie erst durch Handlungen einzelner Akteure entstehen. Da es im Rahmen dieser Analyse nicht möglich ist, den individuellen Sozialraum jedes Schülers abzubilden, musste eine andere Herangehensweise gewählt werden. Bedient wurde sich hierbei territorialer Begrenzungen der Stadt Braunschweig. Naheliegend war eine Begrenzung der Sozialräume auf den jeweiligen Schulbezirk. Dieses Vorgehen erwies sich jedoch als nicht durchführbar, da Datenmaterial für einzelne Straßenzüge nicht zur Verfügung steht." (Marschik 2016, S. 43f.)

> „Als territoriale Begrenzung der Sozialräume wurden die Planungsbereiche der Jugendhilfe gewählt, da die Koordination der Offenen Ganztagsgrundschulen hier angesiedelt ist. Für die weitere Zusammenarbeit wurde es als sinnvoll erachtet, einen gemeinsamen Bezugsrahmen zu schaffen und im Rahmen bekannter Strukturen vorzugehen. Somit bildet der Planungsbereich 13, den Sozialraum der Grundschule Rheinring, der Planungsbereich 12, den Sozialraum der Grundschule Altmühlstraße und der Planungsbereich 9, den Sozialraum der Grundschule Bebelhof. – Die Stadt Braunschweig erhebt Daten auf Basis statistischer Bezirke. Das Jugendamt wiederum arbeitet auf der Grundlage von Planungsbereichen, die sich z. T. aus mehreren statistischen Bezirken zusammensetzen. Die Addition einzelner statistischer Bezirke hat jedoch den Nebeneffekt, dass strukturell sehr unterschiedliche Bezirke sich gegenseitig ‚neutralisieren' können und problematische Strukturen möglicherweise verschleiert werden. Leider entsprechen weder die Bezirke noch die Planungsbereiche exakt den

© Springer Fachmedien Wiesbaden GmbH, ein Teil von Springer Nature 2018
L. Kolhoff (Hrsg.), *Sozialraumorientierte Schulsozialarbeit*,
https://doi.org/10.1007/978-3-658-20307-8_2

Einzugsbereichen der Grundschulen, was zu dem wie folgt beschriebenen Vorgehen führte." (Marschik 2016, S. 44)

In der Strukturevaluation werden neben den Werten der Sozialräume der Grundschulen die Datensätze der einzelnen statistischen Bezirke dargestellt. Das der Analyse zugrundeliegende Datenmaterial wurde durch das Amt für Stadtentwicklung und Statistik der Stadt Braunschweig zur Verfügung gestellt. Daten aus dem Jugendhilfebereich wurden durch das Jugendamt der Stadt Braunschweig (Wirtschaftliche Jugendhilfe) übermittelt.

## 2.1  Aktualisierung der Strukturevaluation des Sozialraums der Grundschule Altmühlstraße

„Der Sozialraum der Grundschule Altmühlstraße, der Planungsbereich 12 der Jugendhilfe, liegt im Stadtteil Weststadt. Die statistischen Bezirke, die den Planungsbereich bilden, sind der Bezirk 26 „Hermannshöhe" und der Bezirk 27 „Rothenburg". Nach seiner baulichen Konzeption gliedert sich der Sozialraum in drei Wohnviertel, Elbe-, Isar- und Donauviertel.
Der Sozialraum wird im Norden durch zwei große Durchgangsstraßen begrenzt, die den Sozialraum vom Sozialraum der Rheinringschule abgrenzen. Auch die östlichen und südlichen Begrenzungen werden durch Verkehrsachsen gebildet, zum einen durch die Autobahn, zum anderen durch eine mehrspurige Straße und parallel verlaufende Bahngleise. Die westliche Grenze bilden Forstgebiete.
Die Grundschule Altmühlstraße liegt im Bezirk Rothenburg, ihr Einzugsbereich … erstreckt sich jedoch weitestgehend auf den Bezirk Hermannshöhe. Um Aussagen über die Lebenslagen der Schülerschaft zu bekommen, ist eine Orientierung an der Lage der Bevölkerung des Bezirks 26 Hermannshöhe hilfreich. Aufgrund des Brennpunktcharakters dieses Einzugsbereichs versuchen bildungsorientierte Eltern teilweise diese Schule zu meiden und schicken ihre Kinder auf Schulen privater Träger." (Marschik 2016, S. 45)

Der Sozialraum wird 2013 als eher trist bezeichnet, obwohl diverse Grünflächen sowie Kleingartenanlagen vorhanden sind. Alltägliche Infrastruktur sind genauso im Bezirk zu finden, wie Anbindungen an den öffentlichen Nahverkehr, welche an den Hauptverkehrsadern zur Verfügung stehen. Kindergärten, Jugendtreffs, Begegnungsstätten und eine Vielzahl von Beratungsangeboten existieren im Sozialraum, waren aber teilweise, für Außenstehende, nicht klar zuzuordnen. Der Sozialraum wird von mehrgeschossigen Wohngebäuden aus den 60er und 70er Jahren dominiert. Diese sind im Besitz von Wohnungsbaugesellschaften (Marschik 2016, S. 51f.).

2013 wurden Baummaßnahmen im Zuge des „Stadtumbaus West" im Bereich Elbestraße/Saalestraße und IImweg angekündigt. Diese Maßnahmen wurden 2017 laut Aussagen des Bürgermeisters des Stadtteils fast abgeschlossen. Am westlichen Ausgang der Saalestraße entsteht ein Begegnungszentrum, das u. a. einen Treffpunkt des Stadtteilentwicklungsvereins Weststadt beherbergen wird.

## Bevölkerungsstruktur

Ende 2015 lebten im Sozialraum der Grundschule Altmühlstraße 14.710 Menschen und somit ca. 30 Menschen weniger als 2012. Der Bezirk Rothenburg bildet den Bereich mit dem größeren Bevölkerungsanteil.

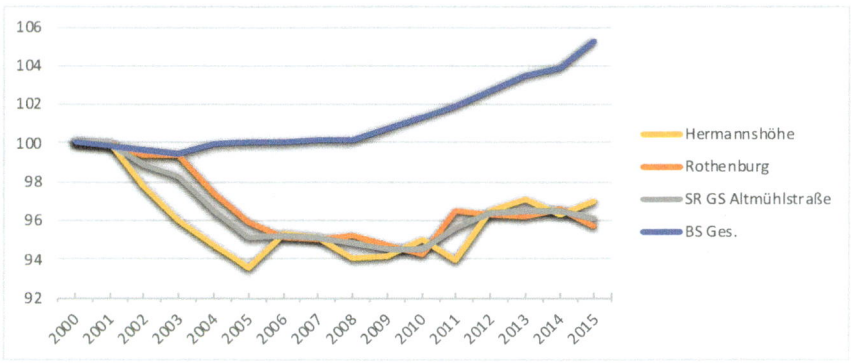

**Abb. 15** Bevölkerungsentwicklung – Sozialraum Grundschule Altmühlstraße (Stadt BS Ref. f. Statistik (unveröffentlicht), 31.12.2015)

Die Bevölkerung nahm zwischen 2001–2005 rapide ab, wobei der Bereich Hermannshöhe stärker von dieser Entwicklung betroffen ist. Ab 2010 begann im gesamten Sozialraum die Bevölkerung wieder kurzzeitig zu wachsen (Marschik 2016, S. 46). Seit 2012 bleibt die Einwohnerzahl sehr stabil bei ca. 14.750 Einwohnern. Die Einwohnerzahl der gesamten Stadt Braunschweig wächst im Vergleich dazu stetig weiter.

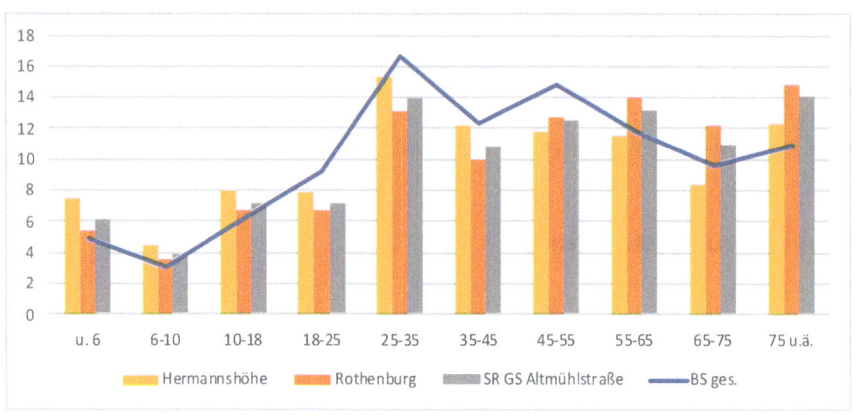

**Abb. 16** Bevölkerungsanteile nach Altersgruppen – Sozialraum Grundschule Altmühlstraße v. H.
(Stadt BS Ref. f. Statistik (unveröffentlicht), 31.12.2015)

Der Anteil der Kinder lag im gesamten Projektzeitraum über dem städtischen Durchschnitt und der Anteil der 18- bis 55-Jährigen darunter. Der Bevölkerungsanteil der über 55-Jährigen befindet sich wieder weit über dem städtischen Durchschnitt. Im Sozialraum gibt es stationäre Einrichtungen für Senioren, wodurch sich möglicherweise der hohe Bevölkerungsanteil der über 75-Jährigen teilweise erklären lässt (Marschik 2016, S. 47).

Die Bevölkerungsstruktur hat sich von 2012 bis 2015 nicht relevant verändert.

Die Daten zur Religionszugehörigkeit unterscheiden sich von den Werten der gesamten Stadt Braunschweig. Die Rangfolge entspricht der Situation im Stadtgebiet (Marschik 2016, S. 48). Von 2012 bis 2015 gab es minimale Verschiebungen zugunsten der „sonstigen/keine" Religionszugehörigkeit. Dieser Gruppe gehörten 2012 noch 42,6 % an, 2015 sind es 46 %.

Aufgrund des hohen Bevölkerungsanteils mit Migrationshintergrund wäre eine genauere Differenzierung der Religionszugehörigkeiten wünschenswert. Die Stadt Braunschweig nimmt eine Gliederung in die Merkmale evangelisch, katholisch und sonstige/keine vor. Andere Glaubensrichtungen werden nicht erfasst. Der Anteil der Katholiken liegt mit 23 % über dem städtischen Durchschnittswert von 14 % (Stadt BS Ref. f. Statistik (unveröffentlicht), 31.12.2015) (Marschik 2016, S. 48f.).

Der Migranten- und Ausländeranteil liegt deutlich über dem städtischen Durchschnitt (Marschik 2016, S. 47).

Ende 2014 lag der Anteil der Menschen mit Migrationshintergrund im Bereich Hermannshöhe bei 43,4 Prozent (2012: 42,4 %), im Sozialraum Altmühlstraße bei 38,9 Prozent (2012: 37,6 %) und im Bereiche Rothenburg bei 36,6 Prozent (2012: 35,2 %). Im Vergleich dazu betrug dieser Anteil bezogen auf die gesamte Stadt Braunschweig: 18,6 Prozent (2012: 17,3 %) (Marschik 2016, S. 48).

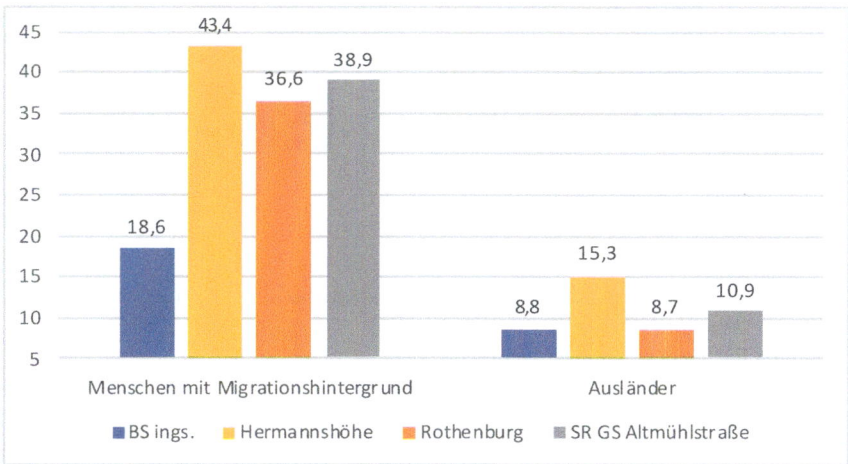

**Abb. 17** Ausländeranteil und Anteil der Bevölkerung mit Migrationshintergrund – Sozialraum Grundschule Altmühlstraße

(Stadt BS Ref. f. Statistik (unveröffentlicht), 31.12.2014)

Der Ausländeranteil und der Anteil der Menschen mit Migrationshintergrund ist in der gesamten Stadt Braunschweig im Zeitraum von 2012–2014 um ca. ein Prozent gestiegen. Es ist davon auszugehen, dass sich die Anzahl der Ausländer durch die Flüchtlingszuwanderung weiter erhöhen wird.

Betrachtet man 2016 die Gesamtsituation im Sozialraum, stellen polnische Staatsangehörige, gefolgt von Staatsangehörigen aus Russland, Kasachstan und der Türkei, unter der Bevölkerung mit Migrationshintergrund, die größten Gruppen dar (Marschik 2016, S. 48) (Stadt BS Ref. f. Statistik (unveröffentlicht), 31.12.2015).

## Anteil der sozialversicherungspflichtig Beschäftigten

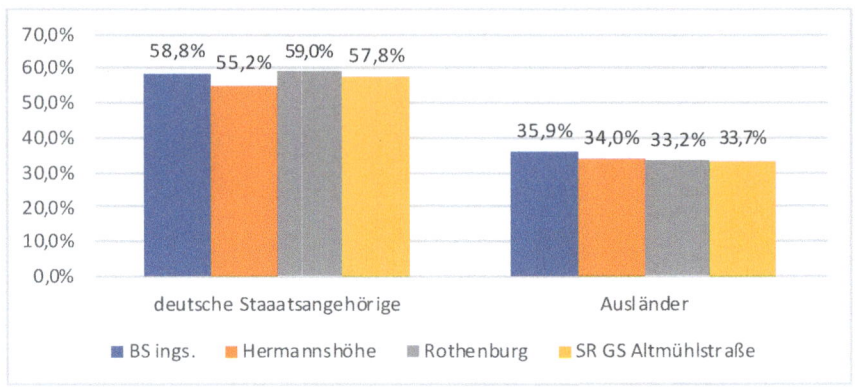

**Abb. 18**  Anteil Sozialversicherungspflichtig Beschäftigter – Sozialraum Grundschule
Altmühlstraße
(Stadt BS Ref. f. Statistik (unveröffentlicht), 31.12.2014)

Der Anteil der sozialversicherungspflichtig Beschäftigten mit deutscher Staatsangehörigkeit, ist in der gesamten Stadt Braunschweig und auch im Sozialraum
der Grundschule Altmühlstraße zwischen 2012 und 2014 um 2,5 % gestiegen. Im
Jahr 2014 liegt dieser Anteil im Sozialraum Hermannshöhe, ebenso wie 2012, am
auffälligsten unter dem des Stadtgebiets.

Die Anzahl der sozialversicherungspflichtig beschäftigten Ausländer ist im
Sozialraum nur minimal gestiegen und liegt mehr als 20 % unter dem städtischen
Durchschnitt.

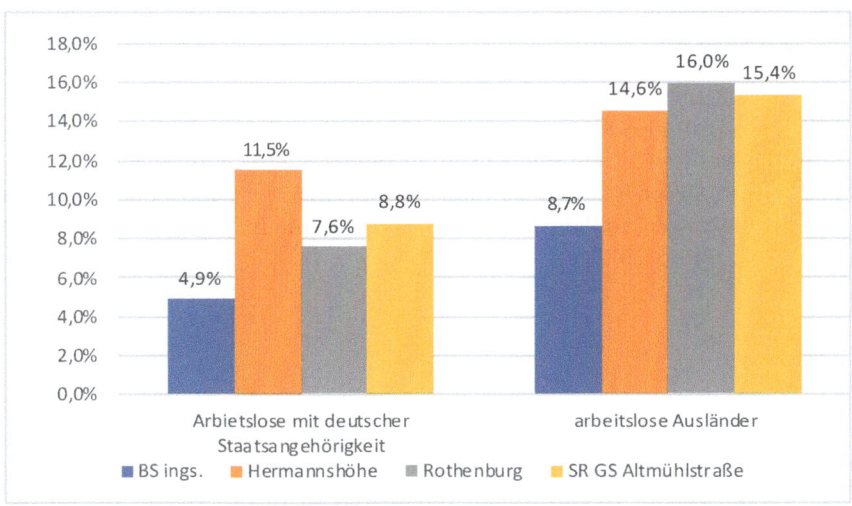

**Abb. 19** Arbeitslosenanteil – Sozialraum Grundschule Altmühlstraße
(Stadt BS Ref. f. Statistik (unveröffentlicht), 31.12.2014)

Mit den gestiegenen sozialversicherungspflichtigen Beschäftigungsverhältnissen sind auch die Zahlen der Arbeitslosen im Vergleich zu 2012 gesunken. In der Stadt Braunschweig ist der Arbeitslosenanteil geringfügig gesunken. Im Sozialraum zeigen sich etwas stärkere Veränderungen. Der Anteil der arbeitslosen Ausländer ist um 2,6 % gesunken, der der deutschen Staatsbürger nur um 0,3 %. Bei der Betrachtung der einzelnen Bezirke werden jedoch stärkere Veränderungen sichtbar. Im Bezirk Hermannshöhe ist der Anteil der arbeitslosen Ausländer um mehr als 5 % gesunken; der Anteil der arbeitslosen Deutschen jedoch um 1,2 % gestiegen. Im Bezirk Rothenburg ist der Anteil der arbeitslosen Ausländer stabil geblieben; der Anteil der arbeitslosen Deutschen ist um ca. 1 % gesunken.

## Anteil der SGB-II-Empfänger

In den Strukturevaluationen von 2013 und 2017 wurde festgestellt, dass der Anteil der SGB-II-Empfänger weit über dem des Stadtgebietes liegt. Dieser lag 2012 bei 9 % und 2014 bei 8,3 %. Zum 31.12.2014 bestreiten 20,2 % der Bewohner des Sozialraums ihren Lebensunterhalt auf diese Weise. Zwei Jahre zuvor waren dies noch 21,3 %. Besonders viele Bewohner des Bezirks Hermannshöhe empfangen SGB-II-Leistungen. Im Jahr 2014 waren es 27,1 % und im Jahr 2012 sogar 28,3 % (Marschik 2016, S. 50).

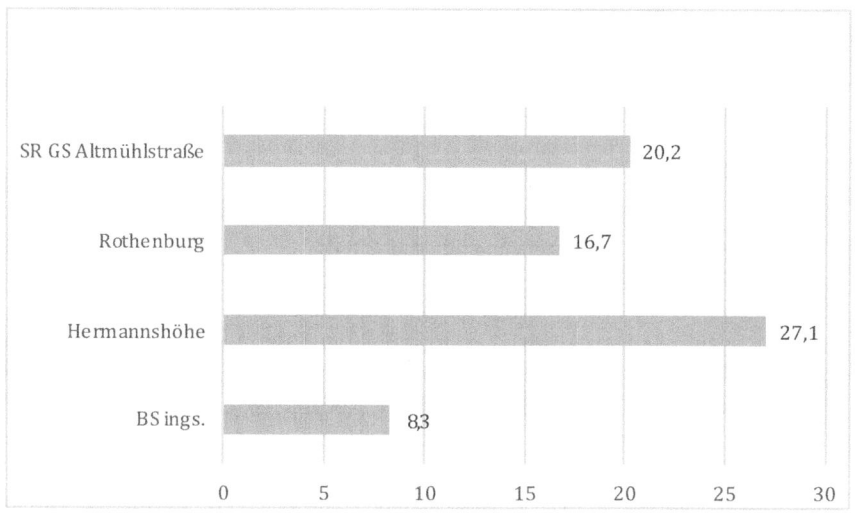

**Abb. 20**  Bevölkerungsanteil im SGB II-Bezug in % – Sozialraum Grundschule Altmühlstraße

(Stadt BS Ref. f. Statistik (unveröffentlicht), 31.12.2014)

Die Bevölkerungsanteile, die im SGB II Bezug leben sind im Sozialraum im Zeitraum von 2012 bis 2014 um jeweils 1 % gesunken. Dies entspricht der Veränderung, die sich in der gesamten Stadt Braunschweig über diese zwei Jahre gezeigt hat.

### Erziehungshilfen & Fallzahlen der Jugendgerichtshilfe

2012 gab es 36 Fälle ambulanter Erziehungshilfen. Somit lag diese Anzahl nur knapp über dem Durchschnitt des gesamten Stadtgebiets. Nur bei Beratungen war der Anteil höher. Im Jahre 2016 sind diese leicht auf 38 Fälle gestiegen. Die Zahl der abgeschlossenen Fälle der Jugendgerichtshilfe lag im Jahr bei 129. Dies war im Vergleich zum Stadtgebiet zwar eine hohe Zahl, doch ist ein Sinken seit dem Jahr 2009 zu erkennen. Der genannte Wert umfasst abgeschlossene Fälle der Jugendgerichtshilfe sowie Diversions- und Ordnungswidrigkeitsverfahren.

Der positive Abwärtstrend setzt sich weiter fort. So wurden im Jahr 2016 lediglich 74 Fälle aufgeführt. Erkennbar ist also, dass die Anzahl der Fälle um mehr als 1/3 gesunken ist (Stadt BS, Fachbereich KJF, unveröffentlicht, 31.12.2016).

## 2.2    Aktualisierung der Strukturevaluation des Sozialraums der Grundschule Bebelhof

„Der Sozialraum entspricht dem Planungsbereich 9 der Jugendhilfe und setzt sich aus den statistischen Bezirken 23 „Zuckerberg" und 22 „Bebelhof" zusammen. Eine sehr stark befahrene Durchgangsstraße grenzt die beiden Bezirke, die eine sehr gegensätzliche Struktur aufweisen, voneinander ab.
Der Planungsbereich 9 entspricht grundsätzlich dem Einzugsbereich der Grundschule Bebelhof. „(...) Begrenzt wird der Sozialraum ausschließlich durch Hauptverkehrsachsen: die Bundesstraße 248, die Autobahn A 39 und die Bahngleise des Güterbahnhofs." (Marschik 2016, S. 71f.)

Der „vergessen Stadtteil", so wurde der Stadtbezirk Bebelhof 2013 genannt, ist durch in der Nachkriegszeit gebaute Mehrfamilienhäuser geprägt. Nur die nötigste soziale Infrastruktur ist vorhanden. Einige wenige Nahversorger befinden sich im Stadtbezirk und der öffentliche Verkehr fließt nur über die Hauptverkehrsachse, die die Abgrenzung zum Einfamilienhaus- und Villenbezirk Zuckerberg darstellt (Marschik 2016, S. 76).

Die Grundschule wird fast ausschließlich von Kindern des Stadtbezirks „Bebelhof" besucht. Kinder, die im Villenviertel „Zuckerberg" wohnen, werden von ihren Eltern in der Regel auf private Schulen geschickt (Marschik 2016, S. 71).

2013 kamen lediglich drei von insgesamt 130 Grundschülern aus dem Stadtbezirk Zuckerberg. 2017 sind es immerhin bereits sechs Schüler.

## Bevölkerungsstruktur

Der Sozialraum besteht aus den Stadtbezirken Bebelhof und Zuckerberg. Der Ausländeranteil im Bezirk Bebelhof liegt, wie auch 2012, weit über und im Bezirk Zuckerberg weit unter dem städtischen Durchschnitt (Marschik 2016, S. 73).

Am 31.12.2015 lebten im Sozialraum 4.061 (3.989) Menschen. Dies sind 72 Menschen mehr als drei Jahr zuvor. Dem Bezirk 22 „Bebelhof" ist mit 3.022 Bewohnern der größere Bevölkerungsteil zuzuordnen. Im Bezirk 23 „Zuckerberg" leben 1.039 Menschen. Dieser Bezirk hatte von 2012–2015 mit 49 Personen den größeren Zuwachs.

Die unterschiedliche Struktur der beiden Bezirke zeigt sich bereits in der Bevölkerungsentwicklung.

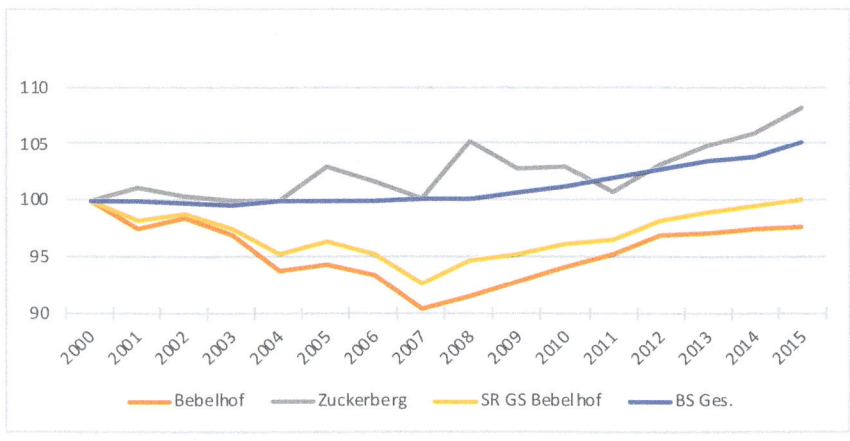

**Abb. 21** Bevölkerungsentwicklung – Sozialraum Grundschule Bebelhof (Stadt BS Ref. f. Statistik (unveröffentlicht), 31.12.2015)

Der Bezirk Bebelhof hat bis 2007 stark an Bevölkerung verloren. Seitdem steigen die Zahlen jedoch wieder an. Im Bezirk Zuckerberg gab es ein Auf und Ab der Bevölkerungszahl und zuletzt einen Anstieg. Für die Entwicklung des gesamten Sozialraums ist dies jedoch, aufgrund der geringen Gesamtbevölkerung im Zuckerberg, nur von geringfügiger Bedeutung.

Auch die Altersstruktur der Bevölkerung variiert erheblich. Während der Bezirk „Bebelhof" mit einem Durchschnittsalter von 39,44 Jahren deutlich unter dem gesamtstädtischen Durchschnitt (43,17 Jahre) liegt, befindet sich der Wert des Bezirks „Zuckerberg" mit 44,15 Jahren knapp darüber.

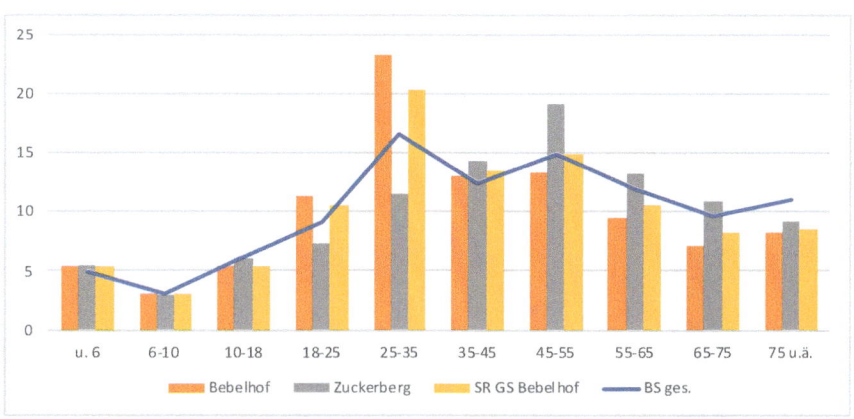

**Abb. 22** Bevölkerungsanteile nach Altersgruppen – Sozialraum Grundschule Bebelhof (Stadt BS Ref. f. Statistik (unveröffentlicht), 31.12.2015)

Der Bevölkerungsanteil der unter 18-Jährigen ist in beiden Bezirken annähernd gleich groß. Die größte Diskrepanz besteht in der Altersgruppe der 18–45-Jährigen. Hier ist der Bevölkerungsanteil im „Bebelhof" deutlich höher. Ab der Gruppe der 45-Jährigen sind die Werte für den „Zuckerberg" höher und finden ihren stärksten Ausschlag bei den 45–55-Jährigen (Marschik 2016, S. 72).

Vergleicht man den gesamten Sozialraum mit der Stadt Braunschweig, fällt der höhere Bevölkerungsanteil der 18–45-Jährigen auf. Der Anteil der Bewohner über 45 Jahren liegt unterhalb des Durchschnitts (Marschik 2016, S. 73). Somit ist die Gruppe der potenziellen Eltern und/oder Erwerbstätigen sehr groß. Die Altersverteilung hat sich im Verlauf des Projektes nicht nennenswert verändert.

Bei der Betrachtung der Religionszugehörigkeit fällt auf, dass der Anteil mit dem Merkmal „sonstige/keine" im Sozialraum ca. 5,4 % über dem gesamtstädtischen Wert liegt (Marschik 2016, S. 73). Während des Projektverlaufs hat es eine Verschiebung zugunsten der „sonstigen/ keinen" gegeben. 2012 machten diese nur 52,6 % aus, 2015 bereits 55,1 %. Der Anteil der evangelischen Bevölkerung liegt 2015 mit 31,2 Prozent darunter und hat im Vergleich seit 2012 ungefähr 3 % eingebüßt (Stadt BS Ref. f. Statistik (unveröffentlicht), 31.12.2015).

Der Ausländer- und Bevölkerungsanteil mit Migrationshintergrund im Sozialraum liegt aufgrund sehr hoher Werte für den „Bebelhof" weit über dem städtischen Durchschnitt (18,6 %) (Marschik 2016, S. 73).

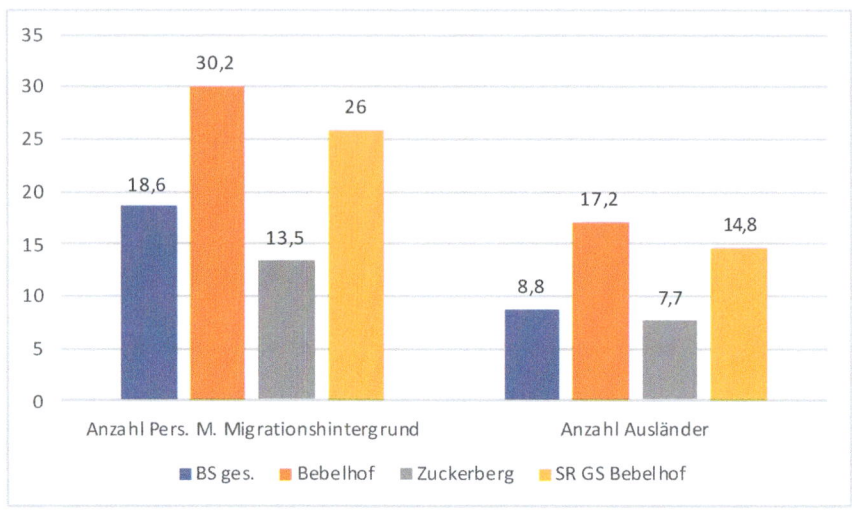

**Abb. 23** Ausländeranteil und Anteil der Bevölkerung mit Migrationshintergrund –
Sozialraum Grundschule Bebelhof, in Prozent
(Stadt BS Ref. f. Statistik (unveröffentlicht), 31.12.2014)

Innerhalb des Sozialraums gibt es große Differenzen. Im Bebelhof ist der Ausländeranteil und der Anteil der Bevölkerung mit Migrationshintergrund doppelt so hoch wie im Bezirk Zuckerberg. Der Anteil dieser Bevölkerungsgruppe liegt im Zuckerberg unter den städtischen Durchschnittswerten.

Im gesamten Sozialraum ist im Zeitraum 2012–2014 der Anteil der Ausländer und Menschen mit Migrationshintergrund um ca. 2 % gestiegen.

Der Anteil der Beschäftigten im Sozialraum ist, dem gesamtstädtischen Trend folgend, zwischen 2012 und 2014 um 2 bis 3 % gestiegen. Die Anzahl der sozialversicherungspflichtig Beschäftigten des Bezirks Bebelhof liegt sogar über dem städtischen Durchschnitt.

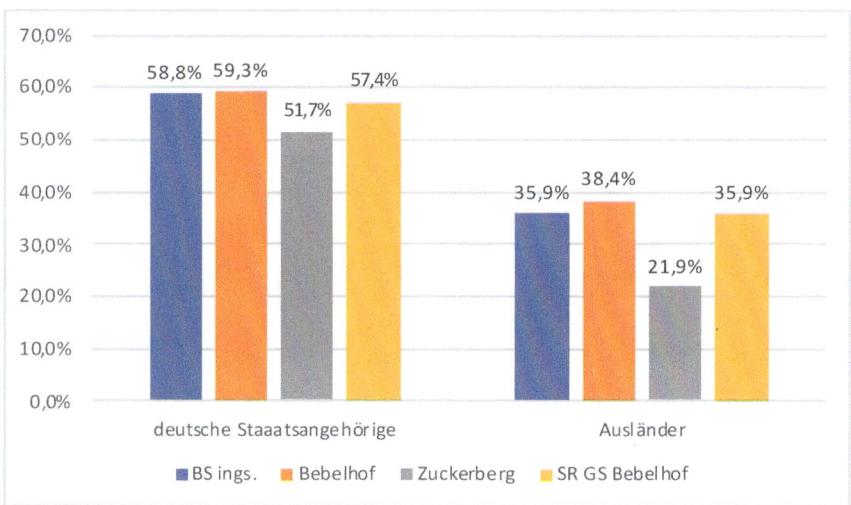

**Abb. 24** Sozialversicherungspflichtig Beschäftigte – Sozialraum Grundschule Bebelhof (Stadt BS Ref. f. Statistik (unveröffentlicht), 31.12.2014)

Noch 2012 entsprach der Bevölkerungsanteil der sozialversicherungspflichtig Beschäftigten im Sozialraum annähernd dem gesamtstädtischen Wert. Auffallend hoch war insbesondere der Anteil sozialversicherungspflichtig beschäftigter Ausländer. Er lag über dem städtischen Durchschnitt (Marschik 2016, S. 74). Dies trifft auch 2014 noch immer auf den Bezirk Bebelhof zu. Der Anteil der beschäftigten Ausländer im Bezirk Zuckerberg fällt hingegen stark ab.

Gegensätzlich zu den Entwicklungen der Beschäftigungsanteile ist jedoch der Arbeitslosenanteil. Dieser liegt, aufgrund der hohen Werte für den Bereich Bebelhof, über dem städtischen Durchschnitt.

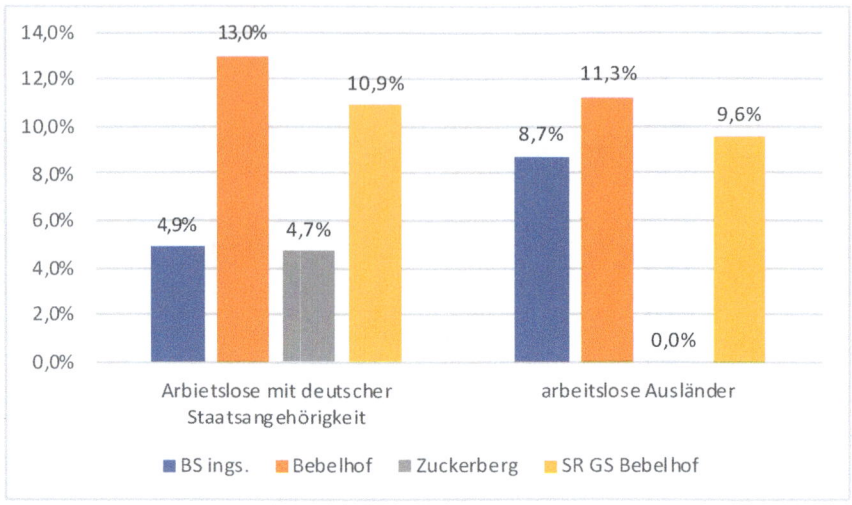

**Abb. 25**  Arbeitslosenanteil – Sozialraum Grundschule Bebelhof
(Stadt BS Ref. f. Statistik (unveröffentlicht), 31.12.2014)

Auffällig ist, dass der Anteil der arbeitslosen Deutschen im Sozialraum über dem der arbeitslosen Ausländer liegt. Wie bereits 2012 im Bezirk Bebelhof erkennbar, lässt sich dieser Fakt nun im ganzen Sozialraum verorten. Dies hat seinen Ursprung darin, dass Ende 2014 im Bereich Zuckerberg keine arbeitslosen Ausländer lebten.

## Anteil der SGB-II-Empfänger

Der Bevölkerungsanteil, der von SGB II- Leistungen lebt, ist nach wie vor hoch. Dies ist in erster Linie auf den hohen Anteil an Leistungsempfängern im Bezirk „Bebelhof" zurückzuführen (Marschik 2016, S. 75).

Bei einer Betrachtung der Veränderungen von 2012–2014 fällt auf, dass der Bevölkerungsanteil im SGB II Bezug im Sozialraum GS Bebelhof stabil geblieben ist, während er im gesamten Stadtgebiet leicht anstieg.

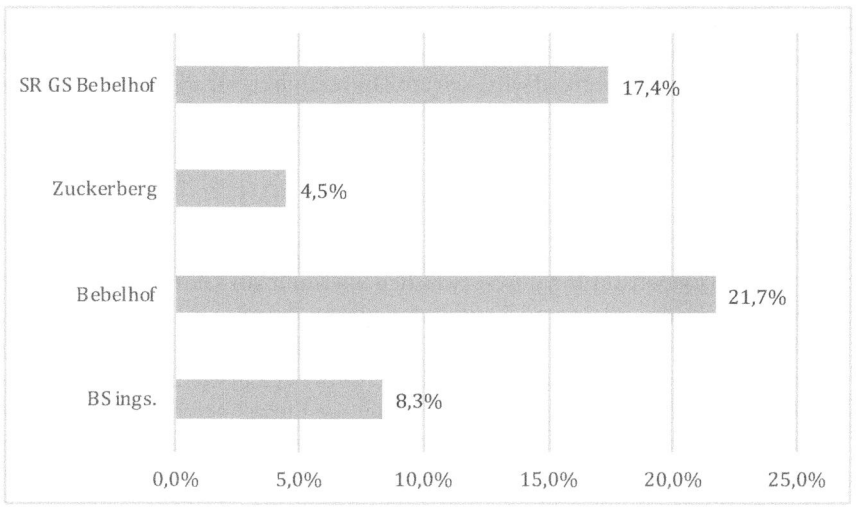

**Abb. 26** Bevölkerungsanteil im SGB II-Bezug – Sozialraum Grundschule Bebelhof (Stadt BS Ref. f. Statistik (unveröffentlicht), 31.12.2014)

## 2.3 Aktualisierung der Strukturevaluation des Sozialraums der Grundschule Rheinring

„Der Sozialraum der Grundschule Rheinring entspricht dem nördlichen Teil des Stadtteils ‚Weststadt'. Der entsprechende statistische Bezirk 28 ‚Weinberg' deckt sich in diesem Fall mit dem Planungsbereich 13 der Jugendhilfe." (Marschik 2016, S. 57)

*„Begrenzt wird der Sozialraum durch Grünflächen im Norden und im Westen. Die übrigen Grenzen bilden stark befahrene Verkehrsachsen. Die Durchgangsstraße, die den Sozialraum im Süden begrenzt, bildet zugleich die Grenze zum Sozialraum der Grundschule Altmühlstraße."* (Marschik 2016, S. 58)

Der Sozialraum der Grundschule Rheinring ähnelt durch die räumliche Nähe dem der Altmühlstraße. Die alltägliche Versorgung ist im Bezirk gewährleistet. Weitere Angebote liegen unmittelbar auf der anderen Seite der Durchgangsstraße im Sozialraum der Grundschule Altmühlstraße. Der Wohnbestand befindet sich größtenteils im Besitz von Wohnungsbaugesellschaften. Lediglich im westlichen Bereich des Bezirks gibt es Einfamilienhäuser und Eigentumswohnungen.

Noch 2013 gab es im östlichen Teil des Bezirks große Wohnungsleerstände, die sich laut Aussagen des Bezirksbürgermeisters bis 2017 fast vollständig aufgelöst haben. Der Wohnungsbestand wird, seit 2012 unverändert, vor allem von Menschen mit Migrationshintergrund bewohnt.

## Bevölkerungsstruktur

Die Bevölkerungsstruktur hat sich zwischen 2012 und 2015 nur leicht verändert. Im Sozialraum der Rheinring Grundschule leben derzeit 8.825 Menschen und somit 36 Menschen mehr als 2012. Die Bevölkerung nahm zwischen 2001–2005, wie auch im SR Altmühlstraße, stark ab. Ab 2010 begann die Bevölkerungszahl wieder kurzzeitig zu wachsen. Seit 2013 bleibt die Einwohnerzahl sehr stabil bei ca. 8.800 Einwohnern, während diese im Vergleich dazu in der Stadt Braunschweig stark wächst.

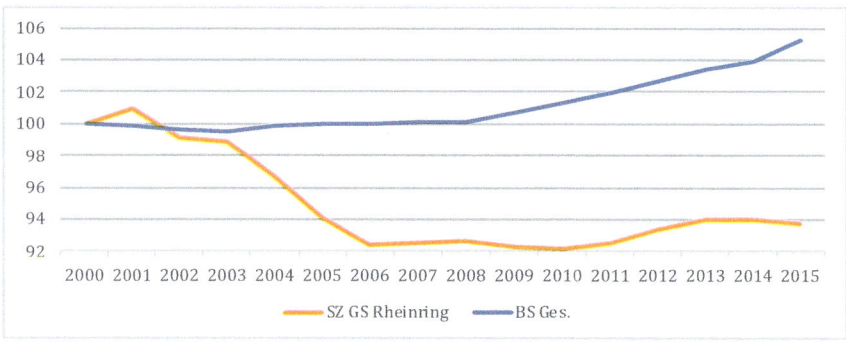

**Abb. 27** Bevölkerungsentwicklung – Sozialraum Grundschule Rheinring (Stadt BS Ref. f. Statistik (unveröffentlicht), 31.12.2015)

Die Bevölkerungsstruktur hat sich im Projektzeitraum kaum verändert. Die meisten Bewohner gehören entweder keiner Religion oder einer nicht christlichen Religion an.

**Abb. 28** Bevölkerungsanteile nach Altersgruppen – Sozialraum Grundschule Rheinring (Stadt BS Ref. f. Statistik (unveröffentlicht), 31.12.2015)

Die Zusammensetzung der Altersstruktur der Bewohner des Sozialraums unterscheidet sich von der des gesamten Stadtgebiets. Fast unverändert über den Zeitraum 2012 bis 2014 liegt der Anteil der Kinder im Grundschulalter, die im Sozialraum leben, um 0,5 % über dem städtischen Durchschnitt. Der Anteil der unter 18-Jährigen übersteigt den gesamtstädtischen Wert sogar um 1,2 % (2012: 1,4 %) (Marschik 2016, S. 59).

Unter dem städtischen Durchschnittswert liegt hingegen seit 2012 der Anteil der 18–55-Jährigen, also der Anteil der potentiell Erwerbstätigen und der potentiellen Eltern. Aufgrund der überdurchschnittlich hohen Kinderzahl im Sozialraum lässt sich darauf schließen, dass viele kinderreiche Familien im Sozialraum leben.

Die größte Bevölkerungsgruppe stellt die Gruppe der über 55-Jährigen dar (Marschik 2016, S. 59).

Der Anteil der Einwohner über 55 Jahre lag über den gesamten Projektzeitraum deutlich über dem Wert des gesamtstädtischen Bereiches. Im gesamten Stadtgebiet ist in den letzten Jahren der Anteil der über 75-jährigen Bewohner gestiegen. Der Sozialraum Rheinring liegt 2015 mit 1.252 Menschen dieser Altersgruppe 3 % über dem städtischen Durchschnitt (Eine Ursache für diesen Wert könnte eine im Sozialraum liegende Seniorenresidenz sein.) (Marschik 2016, S. 59).

Wie im Sozialraum der Grundschule Altmühlstraße lassen sich bei der Betrachtung der Religionszugehörigkeiten über den Zeitraum von 2012 bis 2014 Unterschiede zum gesamten Stadtgebiet erkennen. Der Anteil der Katholiken ist im Sozialraum höher. Die meisten Bewohner (51,1 %) des Bezirks gehören entweder keiner oder keiner christlichen Religion an (Marschik 2016, S. 61).

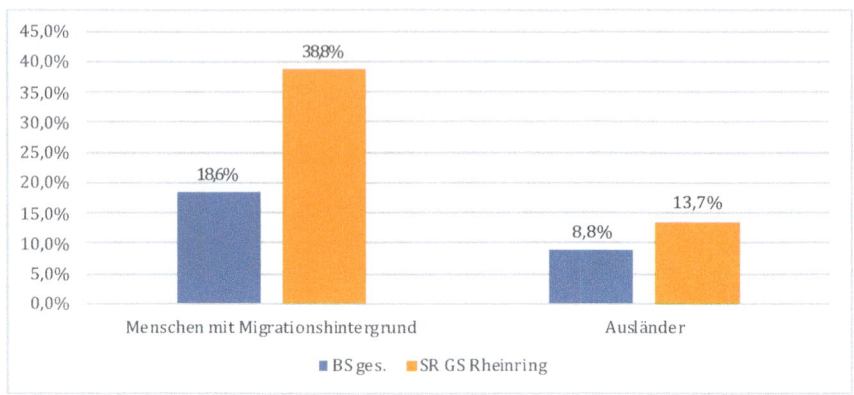

**Abb. 29** Ausländeranteil und Anteil der Bevölkerung mit Migrationshintergrund –
Sozialraum Grundschule Rheinring
(Stadt BS Ref. f. Statistik (unveröffentlicht), 31.12.2014)

Eine weitere Abweichung von der gesamtstädtischen Bevölkerungsstruktur zeigt
sich in den hohen Anteilen von Ausländern und von Personen mit Migrationshintergrund. Die Werte haben sich zwischen 2012 und 2014 nur leicht nach oben
verändert, welches dem Trend der Stadt entspricht. Es ist aber davon auszugehen,
dass der Anteil der Ausländer aufgrund der Flüchtlingssituation im Jahre 2015
noch weiter gestiegen ist.

Innerhalb der Bevölkerung mit Migrationshintergrund und der ausländischen
Bevölkerung bilden Staatsangehörige aus Polen, Kasachstan, Russland und aus
der Türkei die größten Gruppen. Der hohe Bevölkerungsanteil mit Migrationshintergrund ist bereits historisch bedingt. Mit der Fertigstellung der ersten Wohn-
gebäude der Weststadt, zogen in den sechziger Jahren zunächst überwiegend aus
Polen stammende Flüchtlinge ein. Ein vermehrter Zuzug der russisch sprachigen
Bevölkerung erfolgte zu Beginn der neunziger Jahre (Stadt BS Ref. f. Statistik
(unveröffentlicht), 31.12.2015).

## Anteil der sozialversicherungspflichtig Beschäftigten

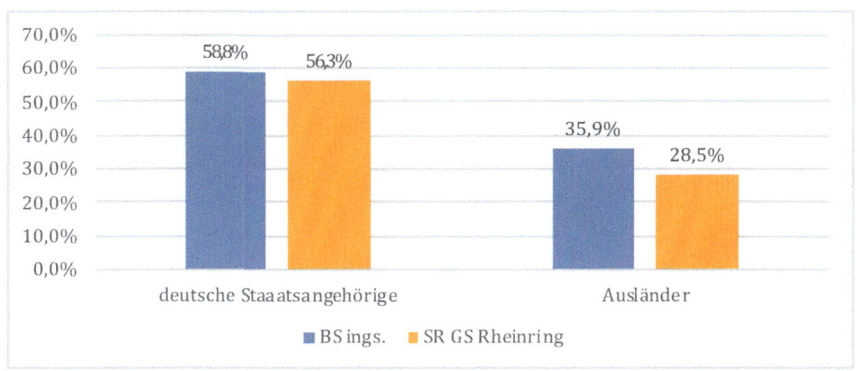

**Abb. 30** Anteil sozialversicherungspflichtig Beschäftigte – Sozialraum Grundschule Rheinring
(Stadt BS Ref. f. Statistik (unveröffentlicht), 31.12.2014)

Der Bevölkerungsanteil mit sozialversicherungspflichtigem Beschäftigungsverhältnis ist zwischen 2012 und 2014 in der Stadt BS um 2 %, im SR sogar um 4 % gestiegen. Die Beschäftigungsquote liegt jedoch noch leicht unterhalb der des Gesamtwertes der Stadt Braunschweig. Besonders deutlich ist der Unterschied, wenn man die Situation der Ausländer betrachtet. Positiv ist jedoch zu vermerken, dass der Anteil der sozialversicherungspflichtig beschäftigten Ausländer stabil geblieben ist. Im gleichen Zeitraum ist die Beschäftigung von Ausländern im Stadtgebiet Braunschweig gesunken.

Über den Projektzeitraum ist der Anteil der arbeitslos Gemeldeten gleichbleibend hoch. An dieser Stelle wird deutlich, dass der Zugang zum Arbeitsmarkt für im Sozialraum lebende Ausländer besonders schwierig zu sein scheint (Marschik 2016, S. 62f.).

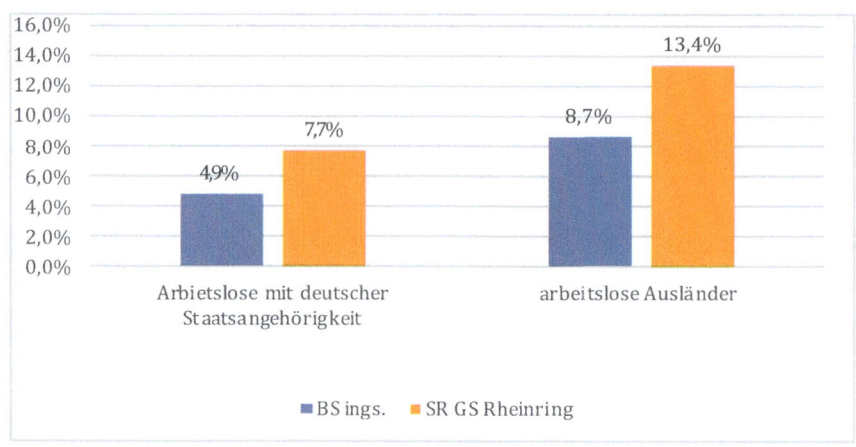

**Abb. 31** Arbeitslosenanteil – Sozialraum Grundschule Rheinring
(Stadt BS Ref. f. Statistik (unveröffentlicht), 31.12.2014)

Auffallend ist, dass der Sozialraum Rheinring von den positiven Entwicklungen zwischen 2012 und 2014 im Stadtgebiet Braunschweig nicht profitiert hat. Die Arbeitslosenzahlen in der Stadt Braunschweig sind gesunken, im Sozialraum aber auf einem stabil hohen Niveau geblieben.

### Anteil der SGB II-Empfänger

Zwischen 2012 und 2014 ist der Prozentsatz der Bevölkerung, welcher Lebensunterhalt nach SGB II bezieht leicht gesunken. Doch noch immer beziehen im Sozialraum der Rheinring Grundschule knapp 16,6 % der Bevölkerung ALG II-Leistungen. Dies sind doppelt so viele wie in der gesamten Stadt Braunschwieg (Stadt BS Ref. f. Statistik (unveröffentlicht), 31.12.2014).

**Erziehungshilfen**

Noch 2012 war der Anteil der Hilfen zur Erziehung mit 30 Fällen ambulanter Erziehungshilfen sehr hoch. Über den Zeitraum von zwei Jahren sind die Fallzahlen stark gesunken. Im Jahr 2014 wurden insgesamt 18 Fälle dokumentiert (Stadt BS, Fachbereich KJF, unveröffentlicht, 31.12.2016).

## 2.4 Abschließende Bemerkung

Über den Zeitraum des Projektes sind nur geringe Veränderungen innerhalb der Bevölkerungsstrukturen der Sozialräume zu vermelden.

Jeder Sozialraum und betrachtete Bezirk hat seinen eigenen Charakter, seine eigene Struktur und ein eigenes Wohnumfeld. Vergleichbar sind die drei Sozialräume jedoch in ihrem hohen Anteil an Menschen mit Migrationshintergrund oder nichtdeutscher Staatsangehörigkeit.

Alle drei Sozialräume zeichnen sich durch ein geringes Bevölkerungswachstum seit dem Jahr 2000 aus und unterscheiden sich damit vom stetigen Wachstum der gesamten Stadt Braunschweig.

Eine weitere Gemeinsamkeit stellt der hohe Anteil von nicht erwerbstätigen Personen dar. In allen betrachteten Sozialräumen liegt der Arbeitslosenanteil weit über dem des Stadtgebietes, wobei vor allem Menschen mit Migrationshintergrund betroffen sind. Für sie scheint die Erwerbstätigkeit besonders weit entfernt zu sein.

# Zusammenfassende Auswertung der Prozessevaluationen

**3**

Tatjana Schmidt

Im Februar 2014 wurden zwei sozialpädagogische Fachkräfte an den Standorten Grundschule Altmühlstraße und Grundschule Bebelhof eingestellt. Zum Ende des Schuljahres 2013/2014 konnte die Planung des Projektes an diesen beiden Standorten abgeschlossen werden. Die Durchführungsphase begann mit dem Schuljahr 2014/2015, so dass im Projektzeitraum für fünf Schulhalbjahre Prozessevaluationen erstellt werden konnten.

Am Standort der Grundschule Rheinring konnte erst im September 2014 eine Fachkraft eingestellt werden, so dass hier die Projektplanung erst zum Ende des ersten Schulhalbjahres 2014/2015 beendet war. Die Durchführungsphase begann mit dem 2. Schulhalbjahr des Schuljahres 2014/2015, so dass im Projektzeitraum für vier Schulhalbjahre Prozessevaluationen erstellt werden konnten.

Diese Prozessevaluationen sind die Basis der folgenden Auswertung.

## 3.1 Auswertung der Prozessevaluationen für die Grundschule Altmühlstraße

► **Rahmenziel 1: „Primärprävention insbesondere im Bereich Gesundheit, Ernährung und Sozialverhalten"**

- Ergebnisziel 1.1: Außerschulisches Bildungsangebot: Schulsanitäter werden tätig, neue belastbare Kooperationen, Bereicherung des Schullebens

Das Ergebnisziel 1.1 konnte in den ersten vier Schulhalbjahren nur teilweise erreicht werden, da einige Maßnahmen nicht durchgeführt werden konnten. Im 1. Schulhalbjahr 2016/17 ist es jedoch durch eine längere Vorbereitungszeit gelungen,

© Springer Fachmedien Wiesbaden GmbH, ein Teil von Springer Nature 2018
L. Kolhoff (Hrsg.), *Sozialraumorientierte Schulsozialarbeit*,
https://doi.org/10.1007/978-3-658-20307-8_3

geplante Maßnahmen umzusetzen. Für die dritten und vierten Klassen ist durch eine enge Zusammenarbeit mit den „Johannitern" eine AG „Erste Hilfe" initiiert und durchgeführt worden. Die Schüler konnten sich z. B. einen Krankenwagen ansehen und von den Sanitätern (Die Johanniter) Informationen einholen.

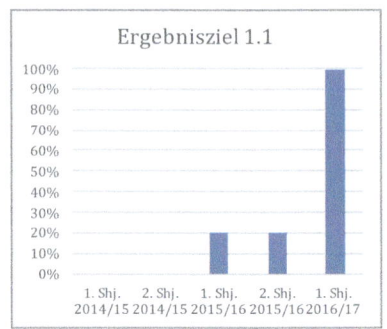

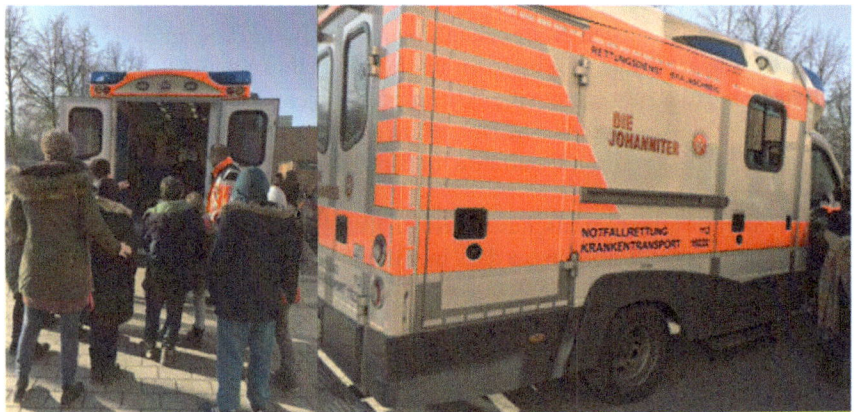

**Abb. 32**  Besichtigung eines Krankenwagens der Johanniter
© Antje Reichelt

- Ergebnisziel 1.2: Aktivierung der LehrerInnen um die Sozialkompetenztrainings weiterzuführen und Steigerung der Wirksamkeit der Sozialkompetenztrainings

Insgesamt geht aus den Zielevaluationen hervor, dass die Aktivierung der LehrerInnen im Großen und Ganzen gelungen ist. Die Zielerreichung konnte im 2. Schulhalbjahr 2014/15 mittels einer Befragung nachgewie-

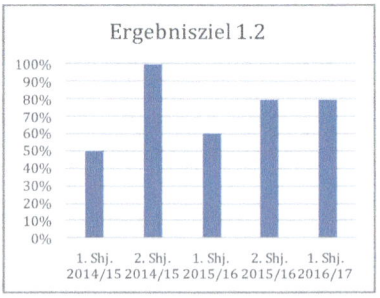

sen werden. Durch strukturelle Veränderungen war dies im 1. Schulhalbjahr 2015/16 nicht mehr möglich. In den folgenden Schulhalbjahren haben nicht alle Klassen an dem Projekt „Klasse 2000", dass der Verbesserung der Sozialkompetenzen dient, teilgenommen, so dass das Ziel nicht zu 100 % erreicht werden konnte.

- Ergebnisziel 1.3: Ernährungsbewusstsein fördern, Eigeninitiative bei der Nahrungszubereitung fördern

Das Ergebnisziel 1.3 konnte, anders als geplant, nicht im Schuljahr 2014/15 umgesetzt werden. Zu Beginn des 1. Schulhalbjahres 2015/16 konnte durch einen Kontakt zum „Landfrauenverband" zügig eine Planung und Durchführung der Maßnahme „Ernährungsführerschein" gewährleistet werden. Im zweiten Schulhalbjahr 2015/16 wurde diese Maßnahme nicht erneut durchgeführt. Im 1. Schulhalbjahr 2016/17 wurde die Zusam-

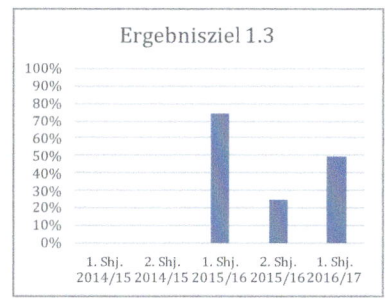

menarbeit wiederaufgenommen. Es ist anzunehmen, dass das Ziel zum Ende des Schuljahres 2016/17 zu 100 % erreicht werden kann. Kontinuierlich helfen SchülerInnen bei dem gesunden Frühstück und laut Aussage der Sozialarbeiterin auch zu Hause mit. Dies deutet darauf hin, dass das Ernährungsbewusstsein und die Eigeninitiative bei der Ernährungszubereitung gefördert werden konnte.

- Ergebnisziel 1.4: Verbesserung des sozialen Verhaltens

Das Ziel konnte bereits im 2. Schulhalbjahr 2014/15 zu 100 % erreicht werden. Durch einen Fragebogen konnten alle Indikatoren überprüft werden. In den folgenden Schulhalbjahren waren einige Schwankungen zu verzeichnen und eine insgesamt niedrigere Prozentzahl bei der Zielerreichung. Diese

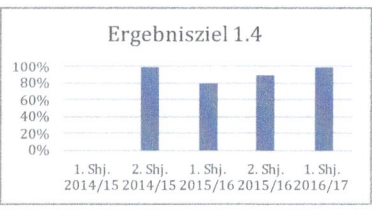

Schwankungen entstanden durch Terminverschiebungen und fehlende personelle Ressourcen. Beispielsweise konnte das Projekt „Gewaltfrei Lernen" nicht wie geplant im 1. Schulhalbjahr 2016/17 stattfinden, da die Durchführenden auf Grund von Krankheit ausfielen.

Die Lehrkräfte äußern nach wie vor, dass sich das Sozialverhalten der SchülerInnen insgesamt verbessert hat, denn sie halten sich beispielsweise an die einge-
führten STOPP-Regeln.

Das Rahmenziel 1 wurde im 1. Schulhalbjahr 2016/17 prozentuell am besten erreicht. Dies hängt damit zusammen, dass einige Maßnahmen zu einem früheren
Zeitpunkt nicht durchgeführt werden konnten. Im 1. Schulhalbjahr 2014/15, als die
Durchführung des Projektes startete, konnten nur wenige Maßnahmen umgesetzt
werden. In der Anfangsphase des Projektes erkundete die Fachkraft die Strukturen
im Stadtteil und in der Schule.

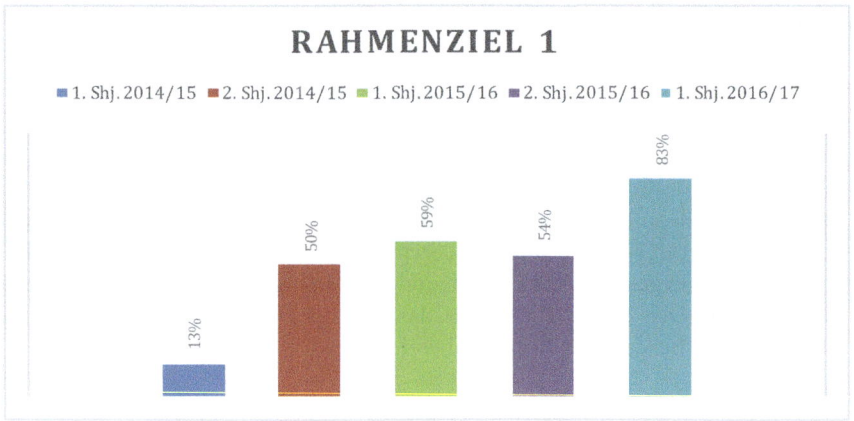

**Abb. 33** Primärprävention insbesondere im Bereich Gesundheit, Ernährung und
Sozialverhalten

▶ **Rahmenziel 2: „Elternarbeit verbessern"**

• Ergebnisziel 2.1: Eltern aktivieren

Das Ergebnisziel konnte im 1. Schulhalbjahr
2016/17 zu 100 % erreicht werden. Es wurden
informelle Gespräche mit Eltern geführt, die
an Veranstaltungen teilgenommen haben.

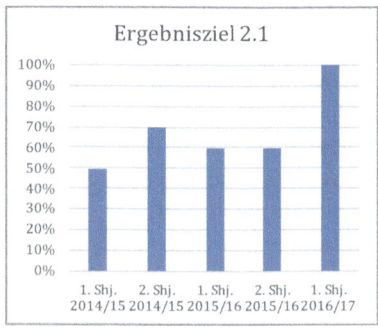

Die vielfältigen Angebote wurden strukturiert auf der Homepage der Schule dargestellt, so dass die Eltern einen guten Überblick über die Maßnahmen bekamen. Es sind zunehmend Eltern ehrenamtlich in der Schule tätig, beispielsweise beim „Schulfrühstück". Durch ein „Dankeschön-Kaffee" soll diese ehrenamtliche Mitarbeit gefestigt werden.

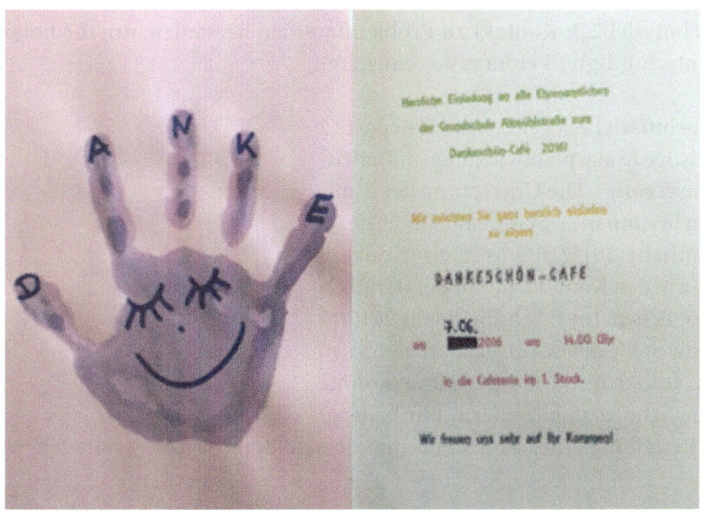

**Abb. 34** Einladung zum „Dankeschön-Café" für ehrenamtliche MitarbeiterInnen
© Antje Reichelt

- Ergebnisziel 2.2: Allgemeine niedrigschwellige Sozial- und Lebensberatung für Eltern. Informationen zu speziellen Themen wie z. B. zum Bildungs- und Teilhabepaket

Das Ergebnisziel 2.2 wurde während der Planungsphase der Kategorie 2 (kurzfristige Konzeptentwicklung, mittelfristige Umsetzung) zugeordnet, so dass es im Schuljahr 2014/15 noch nicht erreicht werden konnte. Ab dem 1. Schulhalbjahr 2015/16 hat die Sozialarbeiterin an der Planung der Informationsveranstaltungen gearbeitet. Diese

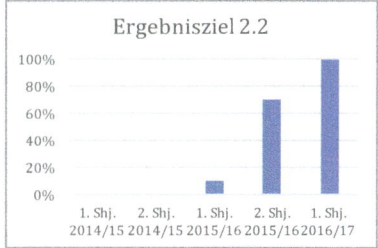

wurden in den folgenden Schulhalbjahren durchgeführt, so dass das Ziel im 1. Schulhalbjahr 2016/17 zu 100 % erreicht werden konnte. Für die Eltern sind Beratungsangebote z. B. zum Bildungs- und Teilhabepaket zugänglich gemacht worden. Auch durch die Kooperation mit dem ELKO-Projekt sind die Eltern zu weiteren relevanten Themen informiert worden.

- Ergebnisziel 2.3: Kontakt zu Problemfamilien herstellen, um die hohe Anzahl unentschuldigter Fehltage zu reduzieren

Das Ergebnisziel 2.3 gehört zur Kategorie 2 (kurzfristige Konzeptentwicklung, mittelfristige Umsetzung). Die Umsetzung der Maßnahmen begann im 1. Schulhalbjahr 2015/16. Im Schuljahr 2015/16 wurde ein Konzept erstellt, um den Kontakt zu Problemfamilien zu ermöglichen. Im 1. Schulhalbjahr 2016/17 wurde die Stelle des Schulsozialarbeiters neu besetzt. In der Einarbeitungsphase konnte die neue Schulsozialarbeiterin nur bedingt

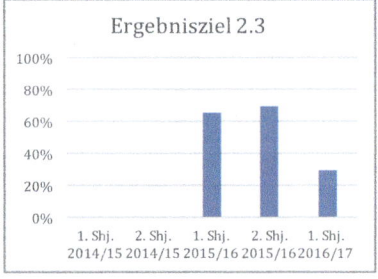

an der Erstellung eines Konzeptes und dessen Durchführung arbeiten.

- Ergebnisziel 2.4: Sinti- und Roma-Eltern sind in der Schule stärker integriert

Durch die enge Zusammenarbeit mit der Spielstube Hebbelstraße sollen Sinti- und Roma-Eltern verstärkt angesprochen werden. Es wurden viele Angebote geplant und durchgeführt.

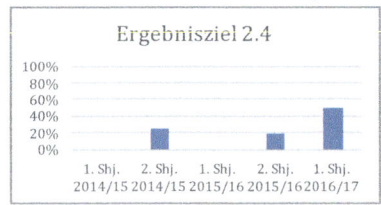

- Ergebnisziel 2.5: Teilnehmerzahl an Elternabenden erhöht

Die Teilnahme an Elternabenden konnte erhöht werden. Die Eltern sind insgesamt aktiver an der Schule tätig und beteiligen sich beispielsweise bei der Durchführung von Festen und anderen Veranstaltungen.

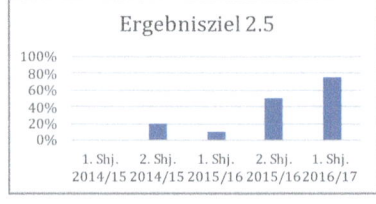

Die Tendenz der Zielerreichung ist steigend und kann durch weitere Maßnahmen verbessert werden.

- Ergebnisziel 2.6: Stärkung der Elternkompetenz (Sprache, Erziehung)

Es sind Maßnahmen zur Stärkung der Eltern-kompetenz geplant. Die Durchführung ist für das 2. Schulhalbjahr 2016/17 angedacht. Sprachkurse sollen in Kooperation mit der Volkshochschule Braunschweig durchgeführt werden. Eine Kooperationsvereinbarung wurde im 1. Schulhalbjahr 2016/17 unter-

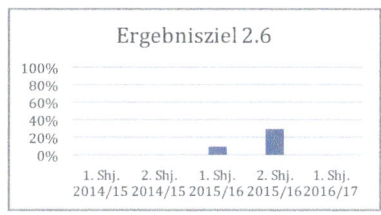

schrieben. Es ist anzunehmen, dass, nach Durchführung der Angebote, das Ziel vollständig erreicht werden kann. Auch möchte eine Mutter eine Selbsthilfegruppe für Eltern mit inklusiven und nicht-inklusiven Kindern ins Leben rufen.

- Ergebnisziel 2.7: Positive Sicht auf verschiedene kulturelle Elterngruppen

Feste an denen Eltern und Kinder teilnehmen sollen, befinden sich in der Planungspha-se und sollen im 2. Schulhalbjahr 2016/17 durchgeführt werden. Es sollen Feste ver-schiedener Kulturen gemeinsam gefeiert werden.

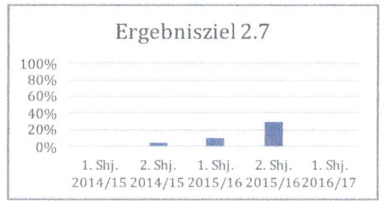

Maßnahmen, wie der „Internationale Kochkurs" im 1. Schulhalbjahr 2015/16 sollen erneut durchgeführt werden.

- Ergebnisziel 2.8: „Lehrer und pädagogische Mitarbeiter erwerben interkulturelle Kompetenzen für einen adäquaten Umgang mit den Eltern

Dieses Ergebnisziel wurde aus dem Katalog entfernt, da eine Überprüfung der Indika-toren nicht möglich war.

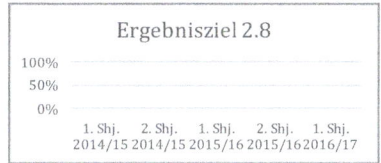

Das Rahmenziel 2 konnte im 1. Schulhalbjahr 2016/17 zu 51 % erreicht werden. In der Gesamtgrafik für das Rahmenziel 2 ist zu sehen, dass die Zielerreichung kontinuierlich höher wurde. Es ist anzunehmen, dass die Elternarbeit weiterhin verbessert werden kann, da die Eltern durch verschiedene Maßnahmen in das Schulleben besser integriert werden.

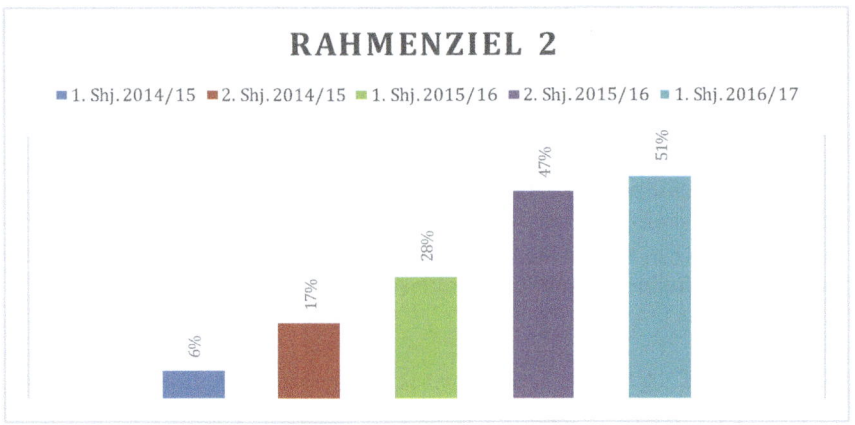

**Abb. 35**  Elternarbeit verbessern

▶ **Rahmenziel 3: „Vorhandene Ressourcen nutzen und ausbauen, um schulische Akteure zu entlasten"**

• Ergebnisziel 3.1: Freizeitangebote nachhaltig ermöglichen

Freizeitangebote konnten nachhaltig ermöglicht werden. Der Grad der Zielerreichung konnte im 2. Schulhalbjahr 2014/15 nicht beurteilt werden, da keine Daten vorlagen. Es finden seit Beginn des Projektes „Stadtteil in der Schule" vielfältige AG-Angebote statt. Dazu zählen Sprach-AGs (bspw. Spanisch). Es werden Kurse zu diversen Sportarten wie Fußball, Hockey, Badminton u. v. m. angeboten.

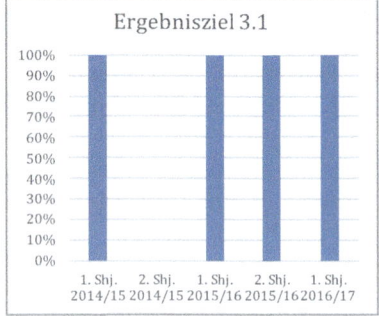

• Ergebnisziel 3.2: Finanzielle Ressourcen weiter ausbauen

Das Ergebnisziel 3.2 wurde der Kategorie 3 zugeordnet (Umsetzung kann erst nach Klärung der Rahmenbedingungen/ des Feldzugangs erfolgen), so dass die Sozialarbeiterin erst ab dem Schuljahr 2015/16 an seiner Erreichung arbeiten konnte.

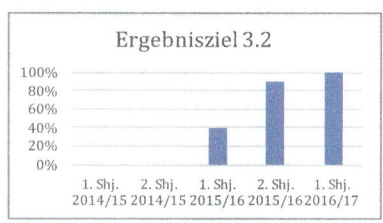

Im Laufe der dargestellten drei Schulhalbjahre ist es ihr gelungen, den Zuwachs kontinuierlich zu erhöhen. So gab es im 1. Schulhalbjahr 2015/16 eine Zusage des Astas der TU Braunschweig. Die Mittel wurden im Januar 2016 der Schule zur Verfügung gestellt und wurden für die Fahrrad-AG und den Schulgarten genutzt.

Im 2. Schulhalbjahr 2015/16 gab es finanzielle und Sachunterstützungen durch Heimbs Kaffee sowie Fahrrad Hahne. Fahrrad Hahne überreichte Sachspenden. Es wurden Werkzeuge und ein Zentrierständer gespendet. Heimbs Kaffee spendete Pflanzensäcke für den Schulgarten. Durch eine Patenschaftserklärung mit dem Projekt Klasse 2000 im 1. Schulhalbjahr 2016/17 wurden weitere finanzielle Ressourcen eingeworben.

• Ergebnisziel 3.3: Klassenspezifische Zusatzangebote, um Gruppenentwicklung zu stärken

Das Ergebnisziel konnte im Laufe des Projektes konstant durch eine Kooperation mit „Kermit (Outdoorschule)" erreicht werden. (Im 2. Schulhalbjahr 2014/15 wurde kein Interview mit dem Schulsozialarbeiter geführt, so dass der Nachweis für die Durchführung fehlte. In den folgenden Schulhalbjahren gab es die entsprechenden Nachweise.)

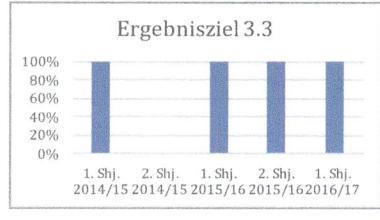

**Abb. 36**  Kermit Outdoorschule
© Antje Reichelt

- Ergebnisziel 3.4: Auf gute personelle Ressourcen, die gute innerschulische Vernetzung aufbauen

Die Lehrkräfte arbeiten am Nachmittag mit und betreuen Lernzeiten und AGs. LehrerInnen und pädagogische MitarbeiterInnen sind in Kinderschutzfälle einbezogen worden. Die personellen Ressourcen wurden effizient genutzt und haben zu einer guten innerschulischen Vernetzung beigetragen. (Im 1. Schulhalbjahr 2014/15 gab es keine Dokumentation zur Zusammenarbeit der MitarbeiterInnen in der Schule. Später wurde die Dokumentation optimiert und die erforderlichen Nachweise, wie beispielsweise

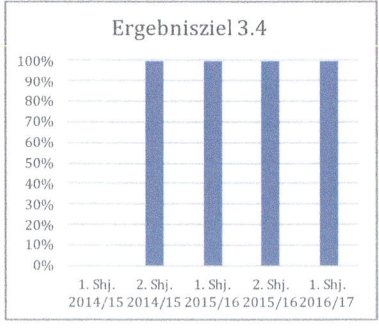

Protokolle von gemeinsamen Sitzungen, in die Prozessevaluation eingebracht.)

• Ergebnisziel 3.5: Entlastung der Lehrer

Das Ziel wurde nicht evaluiert, da die Indikatoren im Rahmen der Evaluation nicht
überprüft werden konnten.

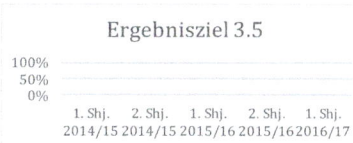

• Ergebnisziel 3.6: Entlastung der Schulleitung

Das Ergebnisziel 3.6 „Entlastung der Schulleitung" wurde kontinuierlich erreicht. Die
Sozialarbeiterin hat an den Treffen der AGe
We und am Weststadtplenum an Stelle der
Schulleitung teilgenommen.

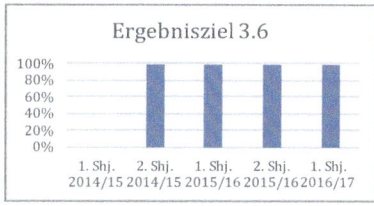

• Ergebnisziel 3.7: Rolle von Frau R. ist
geklärt

Zu Beginn des Projektes musste die Sozialarbeiterin ihre Rolle erklären. Seit dem 2.
Schulhalbjahr 2014/15 wissen die Lehrkräfte,
dass die Sozialarbeiterin für die Gemeinwesenarbeit zuständig ist.

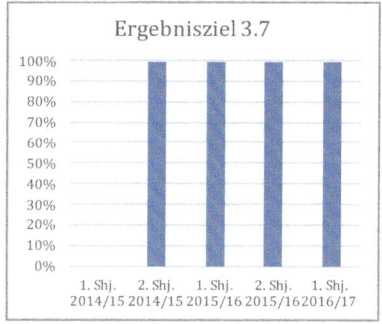

Die Zielerreichung konnten im Laufe der vergangenen fünf Schulhalbjahre kontinuierlich verbessert werden, so dass das Rahmenziel im 1. Schulhalbjahr 2016/17
zu 100 % erfüllt werden konnte.

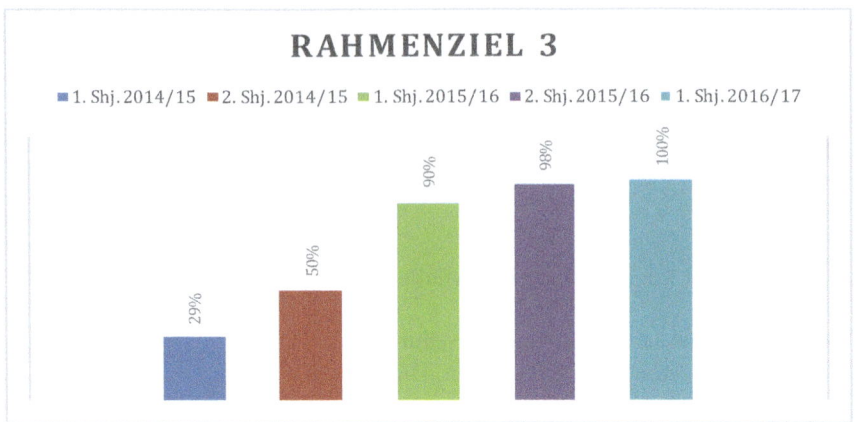

**Abb. 37** Vorhandene Ressourcen nutzen und ausbauen, um schulische Akteure zu entlasten

▶ **Rahmenziel 4: „Öffnung der Schule nach außen"**

• Ergebnisziel 4.1: Kooperation mit der Jugendfeuerwehr

Die Kooperation mit der Jugendfeuerwehr konnte nicht verfestigt werden, da die Jugendfeuerwehr, wegen fehlender zeitlicher und personeller Ressourcen, keine AG an der Grundschule Altmühlstraße anbieten konnte.

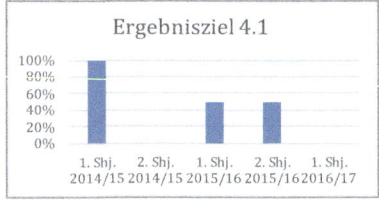

• Ergebnisziel 4.2: Außerschulisches Sprachangebot für Kinder

Es finden regelmäßig mindestens zwei Sprachangebote statt. Sie werden seit dem 2. Schulhalbjahr 2014/15 kontinuierlich angeboten. (Im 1. Schulhalbjahr 2014/15 befanden sich diese in der Planungsphase.) Zurzeit finden an der Schule folgende Sprachange-

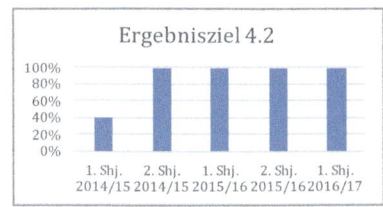

bote statt: Polnisch, Russisch, Türkisch und Deutsch (seit dem Schuljahr 2015/16 existiert eine Sprachlernklasse.)

- Ergebnisziel 4.3: Schulfrühstück als kommunikativer Ort niedrigschwelliger Beratung, Gesundheitsförderung, Partizipation von Eltern und Schülern wird von Elternmitarbeit getragen und entwickelt sich ggf. zu einem Elterncafé

Das Schulfrühstück findet zweimal wöchentlich statt und wird von den Eltern zusammen mit den Kindern vorbereitet. Am „gesunden Frühstück" beteiligen sich vermehrt Mütter aus dem arabischen Raum. Im 1. Schulhalbjahr 2016/17 haben Eltern das Angebot der niedrigschwelligen Beratung bei einem Elterncafé angenommen.

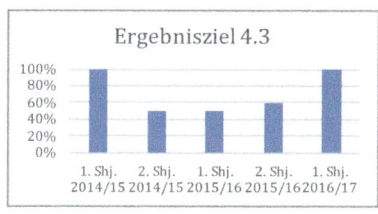

Das Rahmenziel 4 konnte im Verlauf des Projektes immer zu über 50 % erreicht werden. Im 1. Schulhalbjahr 2016/17 wurde es zu 67 % erreicht, da eine Kooperation mit der Jugendfeuerwehr nicht stattfinden konnte.

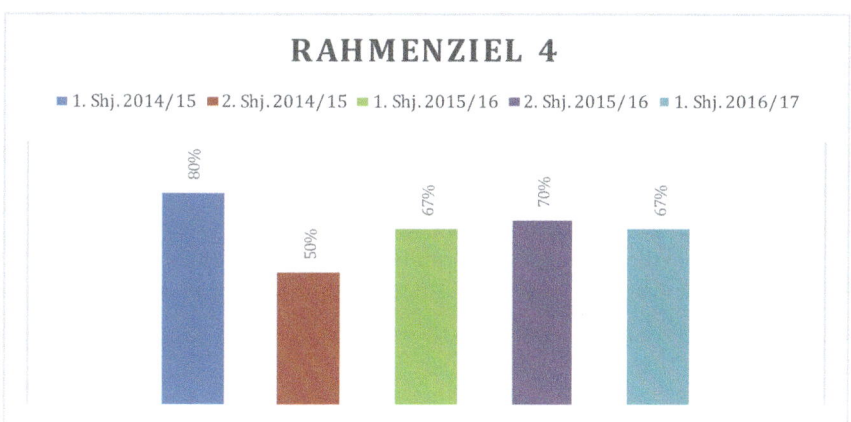

**Abb. 38** Öffnung der Schule nach außen

▶ **Rahmenziel 5: „Netzwerkarbeit"**

• Ergebnisziel 5.1: Beratungsangebote unterstützen, Transparenz herstellen und
  Öffentlichkeitsarbeit betreiben

Im Laufe des Projektes konnten alle drei
Indikatoren angezeigt werden. Ergänzend
ist im 1. Schulhalbjahr 2015/16 ein Beitrag
in der Zeitschrift „Weststadt aktuell" zur
Nachbarschaftswerkstatt erschienen. Die
Homepage ist professionell gestaltet und
erweist sich als übersichtlich und transparent.
Ein Reader mit diversen Informationen wird

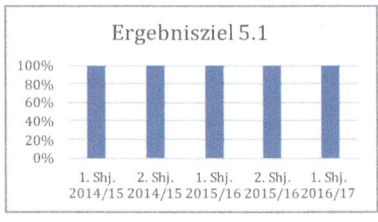

regelmäßig aktualisiert und online für die Eltern zur Verfügung gestellt. (Aufgrund
neuer Brandschutzbestimmungen dürfen keine Flyer für Eltern ausgelegt werden.)

• Ergebnisziel 5.2: Vorhandene Netzwerk- und Trägerstrukturen unterstützen, auf
  bestehende Strukturen aufbauen, bestehende Vernetzungen festigen und ergänzen

Die vorhandenen Netzwerk- und Trägerstrukturen wurden erfolgreich unterstützt.
Die Sozialarbeiterin konnte auf bestehende
Strukturen aufbauen und bestehende Vernetzungen festigen und ergänzen. Dazu zählt
beispielsweise das Netzwerk Arbeitsgemein-
schaft der Kinder-und Familienzentren der
Weststadt.
    Im 1. Schulhalbjahr 2016/17 erschienen in

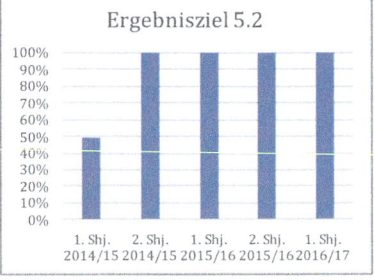

mehreren Zeitungen Artikel über das Dra-
chenfest, an dem die Grundschule Altmühlstraße teilgenommen hat.

**Abb. 39** Drachenfest in der Weststadt 1. Schulhalbjahr 2016/17
© Antje Reichelt

- Ergebnisziel 5.3: Zusammenarbeit mit den Akteuren im Sozialraum pflegen, um vorhandene externe Unterstützungsangebote zu stabilisieren und ggf. neue Unterstützungsangebote zu akquirieren

Das Ergebnisziel 5.3 konnte im 2. Schulhalbjahr 2015/16 und im 1. Schulhalbjahr 2016/17 zu 100 % erreicht werden. Es existiert eine feste Zusammenarbeit mit den Akteuren im Sozialraum, dazu gehören Teilnehmende des Weststadtplenums, sowie Mitglieder der AGeWe und des Bürgervereins. Diese wirken bei Maßnahmen wie dem „Drachenfest", dem Weihnachtsmarkt und auch der Nachbarschaftswerkstatt mit. Hinzu kommen Akteure wie die NiWo, Polizei, Kleingartenvereine und die Johanniter Unfallhilfe.

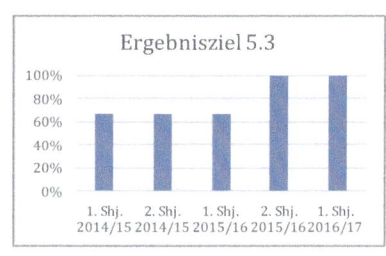

- Ergebnisziel 5.4: Herstellung einer Kooperation mit einer Organisation die Sinti und Roma unterstützen

Im 2. Schulhalbjahr 2015/16 und im 1. Schulhalbjahr 2016/17 konnte das Ergebnisziel 5.4 zu 100 % erreicht werden, da die Kooperation mit der Spielstube Hebbelstraße ausgebaut und gefestigt werden konnte. Die Spielstube Hebbelstraße bietet in ihrer Einrichtung eine Nachmittagsgruppe für Sinti und Roma an, die gut angenommen wird und bietet vier Nachmittagsgruppen an der OGS Altmühlstraße an.

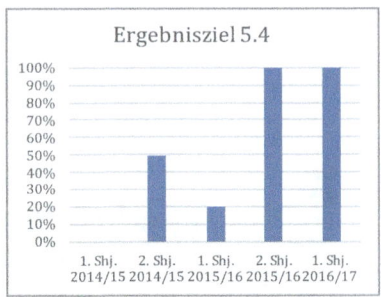

- Ergebnisziel 5.5: Übergänge zwischen den Betreuungs- und Bildungsinstitutionen sind verbessert

Die Sozialarbeiterin nimmt an Veranstaltungen zum Thema „Übergang Kindergarten-Schule" teil. Im 2. Schulhalbjahr 2015/16 halfen IGS-Kinder bei der Ausrichtung der Bundesjugendspiele an der Grundschule Altmühlstraße.

Zudem konnte die Vernetzung zwischen Grundschule und Gesamtschule durch ein Angebot für 8. Klassen der IGS verbessert werden. Dabei konnten die SchülerInnen aus dem 8. Jahrgang die Lehrküche in der Grundschule Altmühlstraße ausprobieren.

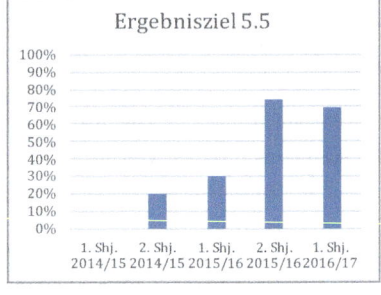

Das Ziel konnte nicht zu 100 % erreicht werden, da die Indikatoren „Lehrer wirken mit", und „Eltern wirken mit", nur begrenzt überprüft werden konnten.

- Ergebnisziel 5.6: Ehrenamtliches Engagement wird gefördert

Das ehrenamtliches Engagement konnte im Laufe des Projektes gefördert werden. „Seniorpartner in School" – Landesverband Niedersachsen e. V." unterstützt kontinuierlich bei der Gewalt- und Konfliktbewältigung an der Grundschule Altmühlstraße.

Des Weiteren helfen Eltern ehrenamtlich bei der Umsetzung des „gesunden Frühstücks" mit und die Damen vom Projekt „Baumhaus" engagierten sich im 1. Schulhalbjahr 2016/17 und backten mit den SchülerInnen der 1. Klassen Kekse.

Die Zusammenarbeit mit allen ehrenamtlichen Mitarbeitern wurde auch durch ein „Dankeschön-Café" gestärkt.

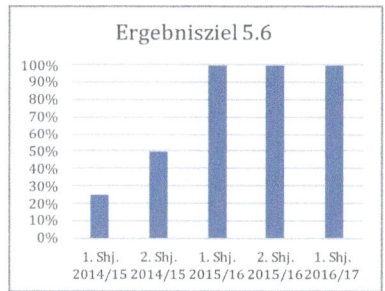

- Ergebnisziel 5.7: Vorbehalte gegenüber Strukturen der Ganztagsschule abbauen und informelle Bildungsanbieter in den Nachmittagsbereich der Ganztagsschule holen

Die Sozialarbeiterin erlebt keine Vorbehalte gegenüber den Strukturen der Ganztagsschule. Es kommen immer wieder Anfragen von Vereinen/Anbieter, mit der Schule zu kooperieren (z. B. Zumba, Judo, VHS Braunschweig).

Seit dem 1. Schulhalbjahr 2015/16 wird eine Judo- und eine Zumba AG kontinuierlich angeboten.

Die Planung der Zusammenarbeit mit

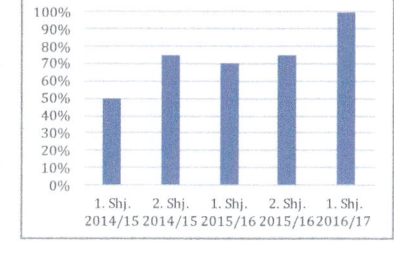

Bildungsanbietern und Vereinen konnte im 1. Schulhalbjahr 2016/17 abgeschlossen werden. Die Angebote wurden durchgeführt.

- Ergebnisziel 5.8: Kooperation mit Stadtteiltreffpunkten aufbauen und pflegen

Die Kooperation konnte nach der Planungsphase im 1. Schulhalbjahr 2014/15 aufgebaut werden.

Eine Fahrradwerkstatt (gemeinsames Projekt mit der Nachbarschaftswerkstatt) startete im 1. Schulhalbjahr 2015/16, diese wird von Ehrenamtlichen der Nachbarschaftswerkstatt

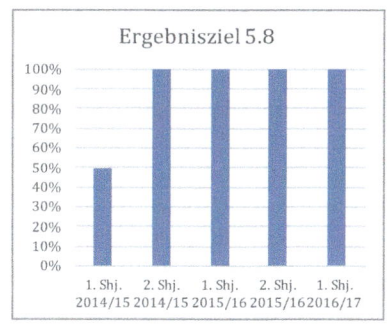

begleitet. Das Projekt „MiniPhänomenta" wurde eingebunden. Es finden regelmäßige Treffen und Besprechungen statt.

- Ergebnisziel 5.9: Verbindungen zum Sozialraum der Rheinring Grundschule herstellen

Da die Sozialarbeiterin auch an der Grundschule Rheinring tätig ist, besteht eine enge Verbindung zum Sozialraum der Grundschule Rheinring. Sie arbeitet eng mit der Schulsozialarbeiterin der Grundschule Rheinring zusammen.

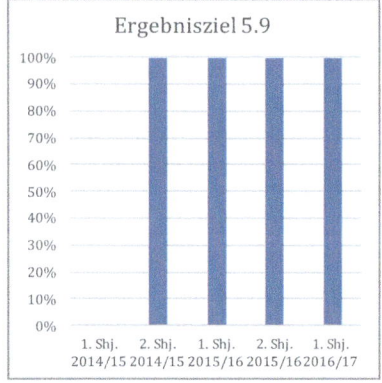

Es werden bespielsweise defekte Spielgeräte aus dem Rheinring in der Nachbarschaftswerkstatt in der Altmühlstraße repariert. Zudem werden Informationen zu unterschiedlichen Themen an beiden Schulen weitergegeben.

- Ergebnisziel 5.10: Vertretung der Schule in Gremien der Weststadt

Seit Beginn der Durchführungsphase an der Grundschule Altmühlstraße vertritt die Sozialarbeiterin die Schule bei den regelmäßigen Treffen in Gremien der Weststadt. Dazu zählen das Weststadtplenum, AGeWe und das Netzwerk Integration.

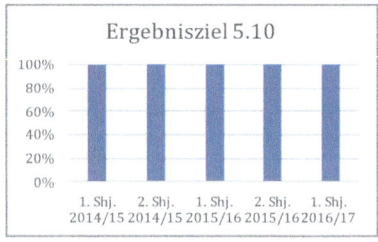

Das Rahmenziel 5 konnte im 1. Schulhalbjahr 2016/17 zu 97 % erreicht werden, da zum Beispiel die Kooperation mit der Spielstube „Hebbelstraße" kontinuierlich verbessert und aufrechterhalten werden konnte und auch Familienzentren sich an die Sozialarbeiterin bezüglich des Übergangs von Kitas in die Schule gewandt haben. Zudem vertritt die Sozialarbeiterin die Schule in diversen Gremien der Weststadt. Das vorhandene Netzwerk der Weststadt konnte effektiv für die Umsetzung der Ziele von „Stadtteil in der Schule" genutzt und ausgebaut werden.

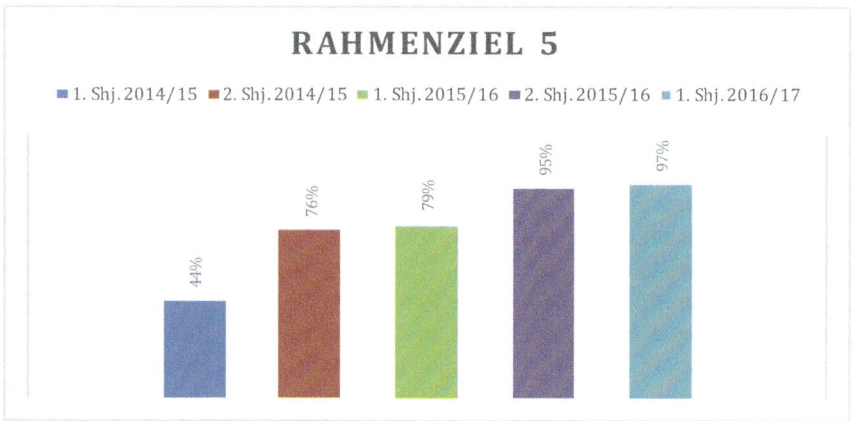

**RAHMENZIEL 5**

■ 1. Shj. 2014/15  ■ 2. Shj. 2014/15  ■ 1. Shj. 2015/16  ■ 2. Shj. 2015/16  ■ 1. Shj. 2016/17

44% 76% 79% 95% 97%

**Abb. 40** Netzwerkarbeit

## 3.2 Auswertung der Prozessevaluationen für die Grundschule Bebelhof

► **Rahmenziel 1: „Kooperation mit Eltern verbessern"**

- Ergebnisziel 1.1: Beratung, Informationen von Eltern, um sie zu befähigen, die Gesundheit (körperlich, psychisch) ihrer Kinder zu fördern und/oder ihre Kinder an Bildung teilhaben zu lassen

Im Laufe der letzten fünf Schulhalbjahre wurde das Ergebnisziel 1.1 noch nicht zu 100 % erreicht. Da die Teilnahme der Eltern an den initiierten Angeboten zur Beratung und Information nicht überprüfbar war, konnten, vor allem im 1. Schulhalbjahr 2015/16, die Indikatoren nicht angezeigt werden. Die initiierten Angebote von externen Kooperationspartnern (z. B. Volkshochschule Braunschweig) konnten erst im 2. Schulhalbjahr 2015/16 durchgeführt und somit auch die entsprechenden Daten erst später erhoben wurden. Da zudem ein stetiger Wechsel der Eltern zu verzeichnen ist, konnten Daten zum Thema „ob das Erlernte umgesetzt wird" nicht erhoben werden. Seit dem 1. Schulhalbjahr 2015/16 ist ein Anstieg der Zielerreichung zu verzeichnen, da die Eltern an den initiierten Angeboten teilnehmen. Das Ziel kann jedoch aufgrund der hohen Fluktuation der Eltern und den damit verbundenen fehlenden Rückmeldungen nicht zu 100 % erreicht werden. Im 1. Schulhalbjahr 2016/17 konnte die Zielerreichung weiter ausgebaut werden. Durch die erneute Teilnahme der Grundschule Bebelhof am EU-Schulobst-und Gemüseprogramm sowie dem Spendenfrühstück der Firma „Staake" konnte eine Sensibilisierung für ein gesundes Essverhalten erreicht werden.

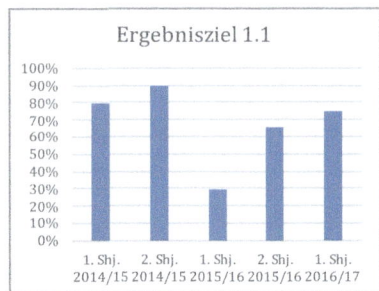

Durch weitere Spendenmittel konnte ein Buffetwagen angeschafft werden, an dem das bereitgestellte Obst und Gemüse für alle Schüler auch in den Pausen zugänglich gemacht werden konnte.

Die Eltern wurden durch Angebote der Volkshochschule Braunschweig in Kursen über diverse Themen informiert. Dazu zählt auch der „gesunde" Umgang mit digitalen Medien im „Computerkurs".

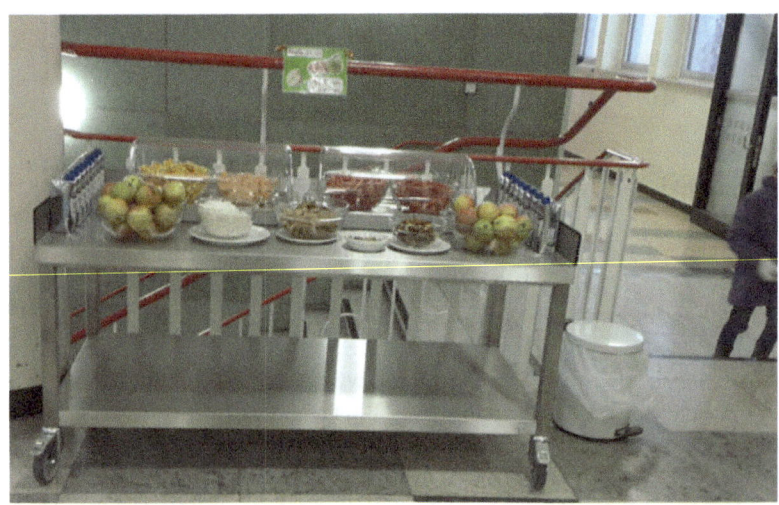

**Abb. 41**  Buffetwagen für EU-Schulobst- und Gemüseprogramm und Spendenfrühstück der Firma „Staake"

© Beatrix Schwetje

- Ergebnisziel 1.2: Beratungsangebote zur Erhöhung der Erziehungskompetenz werden in Anspruch genommen

Das Ergebnisziel 1.2 konnte erfolgreich und kontinuierlich zu 100 % erfüllt werden. Die Beratungsangebote der Schulsozialarbei-terin werden von den Eltern genutzt und überschreiten die festgelegte Mindestgrenze an Beratungsgesprächen. Zudem betreut die Schulsozialarbeiterin am Anfang jedes Schuljahres die Eltern der neu eingeschulten Kinder und erläutert in welchen Bereichen die Eltern unterstützt werden können. Wei-

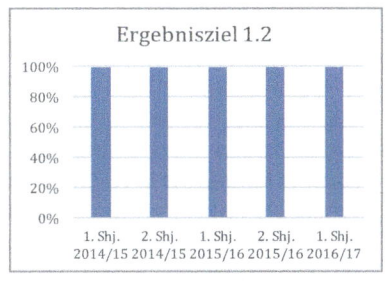

terhin werden die Eltern über Teilhabemöglichkeiten am Schulleben informiert. Die Zahl der kontinuierlichen Beratung hat sich auf circa 50 Gespräche pro Halbjahr eingependelt.

- Ergebnisziel 1.3: Verständnis der Eltern für das Schulsystem erhöhen, um die schulische Laufbahn der Kinder zu fördern (aktive Beteiligung der Eltern an Schulgremien)

Das Ergebnisziel 1.3 konnte im 2. Schul-halbjahr 2014/15 zu 100 % erreicht werden, da überprüfbare Unterlagen erst in diesem Zeitraum verfügbar waren. Die Gremien-vertreter aus dem Schuljahr 2014/15 wurden für einen Tätigkeitszeitraum von zwei Schul-jahren gewählt, dies wurde in der Prozess-evaluation des 1. Schulhalbjahres 2015/16 nicht vermerkt, wodurch die Zielerfüllung auf 0 % sank.

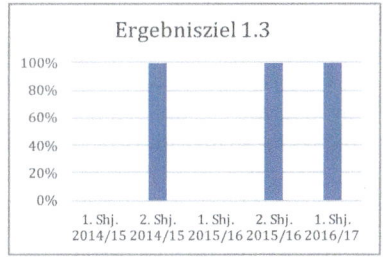

Im weiteren Verlauf des Projektes wurde das Ziel zu 100 % erreicht, da Eltern aus allen Klassenstufen in die Gremien gewählt wurden. Es wurden Informations-veranstaltungen durchgeführt und die Eltern informiert.

- Ergebnisziel 1.4: Gewählte Elternvertreter werden informiert und ggf. „aktiviert"

Im 1. Schulhalbjahr 2014/15 konnte das Ergebnisziel zu 66 % erfüllt werden, Das Ziel
gehört zur Kategorie 2 (kurzfristige Konzeptentwicklung, mittelfristige Umsetzung)
und sollte im Schuljahr 2014/15 umgesetzt
werden. In der Durchführungsphase des
Projektes konnte die Erreichung des Ergebnisziels 1.4 optimiert, die Ergebnisse aus
dem 2. Schulhalbjahr 2014/15 konnten im 1.

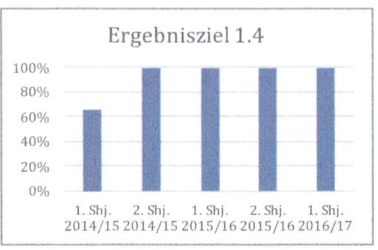

Schulhalbjahr 2015/16 und den folgenden zwei Schulhalbjahren stabilisiert werden.

Die Schulsozialarbeiterin hat an den Gesamtkonferenzen teilgenommen und
konnte das gesamte Kollegium und die gewählten Elternvertreter über das Projekt
„Stadtteil in der Schule" informieren.

- Ergebnisziel 1.5: Absprache mit externen Akteuren um Eltern auf ihre neue
  Rolle vorzubereiten und ihr Verständnis bezüglich des gesundheitlichen und
  sozialen Entwicklungstandes der Kinder zu erhöhen und ggf. Fördermaßnahmen einzuleiten.

Es ist ein kontinuierlicher Anstieg der Zielerreichung zu verzeichnen. Bevor Absprachen
mit den externen Akteuren getroffen werden
konnten, musste die Schulsozialarbeiterin
Kontakte aufbauen und die Ziele der Zusammenarbeit abstimmen. Gewisse Widerstände
entstanden durch äußere Faktoren, wie zum
Beispiel die fehlenden zeitlichen und personellen Ressourcen der Partner. Zudem
mussten Zuständigkeiten geregelt werden.

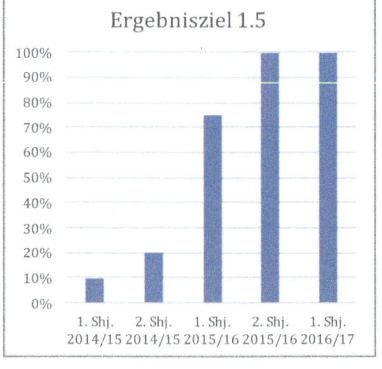

Eine besondere Kooperation ist mit der
Schulzahnärztin entstanden. Im Zuge dieser
Zusammenarbeit nahm die Schulzahnärztin
am Sommerfest der Grundschule Bebelhof teil und konnte das Interesse der Kinder
und Eltern zum Thema Zahngesundheit fördern.

Im Folgenden werden die durch die Auswertung der fünf Ergebnisziele gefundenen Werte für das „Rahmenziel 1" visualisiert. Im 1. Schulhalbjahr 2016/17 wurden die höchsten Anteile erreicht. Im 1. Schulhalbjahr 2014/15 und im 1. Schulhalbjahr 2015/16 fiel die Zielerreichung geringer aus. Dies kann darauf zurückgeführt werden, dass im 1. Schulhalbjahr 2014/15 die Zusammenarbeit mit externen Akteuren erst begann und sich einige Maßnahmen im 1. Schulhalbjahr 2015/16 noch in der Planungsphase befanden.

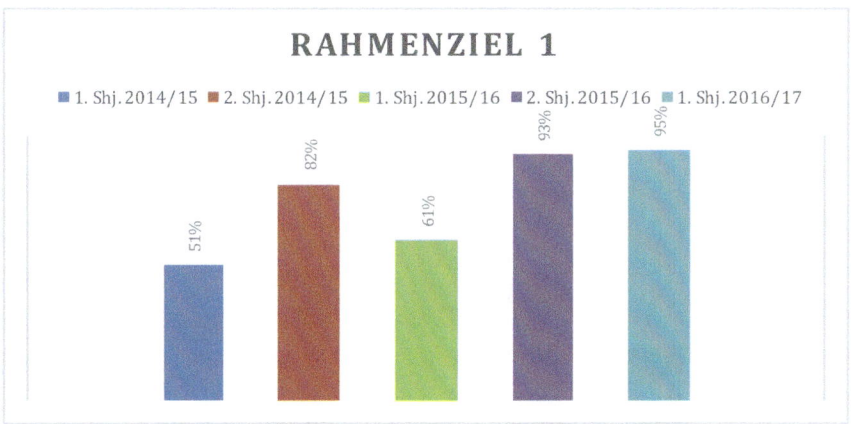

**Abb. 42** Kooperation mit Eltern verbessern

► **Rahmenziel 2: „Teilnahmemöglichkeiten von Kindern (in besonderen Lebenslagen) am Leben in der Gemeinschaft erhöhen"**

- Ergebnisziel 2.1: Schulische und außerschulische Freizeitangebote für Kinder in besonderen Lebenslagen werden erhöht und von den Kindern wahrgenommen

Das Ergebnisziel 2.1 wurde der Kategorie 1 (sofortige/ kurzfristige Umsetzung) und der Kategorie 2 (kurzfristige Konzeptentwicklung, mittelfristige Umsetzung) zugeordnet. Im 1. Schulhalbjahr 2014/15 konnte die Schulsozialarbeiterin zwei neue Arbeitsge-

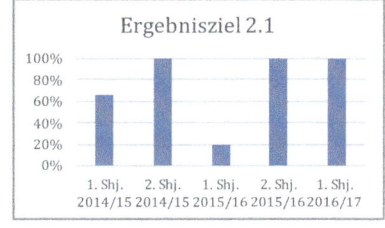

meinschaften initiieren, die zu 100 % ausgelastet waren. Im 2. Schulhalbjahr 2014/15 wurde das Clowns-Projekt in Kooperation mit der Ostfalia Hochschule initiiert, das ebenfalls zu 100 % ausgelastet war. Die rapide Abnahme der Zielerreichung im 1. Schulhalbjahr 2015/16 ist auf organisatorische und schulinterne Veränderungen zurückzuführen. Im 2. Schulhalbjahr 2015/16 wurden neue, zu den veränderten Rahmenbedingungen passende, Maßnahmen entwickelt, sodass das Ziel zu 100 % erreicht werden konnte.

Die Entwicklung des Ergebnisziels deckt sich mit der Entwicklung des Rahmenziels.

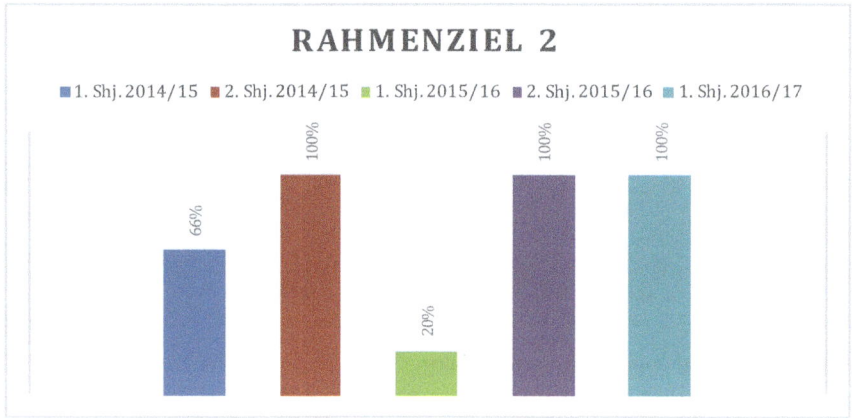

**Abb. 43**  Teilnahmemöglichkeiten von Kindern (in besonderen Lebenslagen) am Leben in der Gemeinschaft erhöhen

▶ **Rahmenziel 3: „Netzwerkarbeit (Grundschule als Koordinationszentrum, um vorhandene Kooperationen zu stärken und neue zu rekrutieren)"**

- Ergebnisziel 3.1: Bestehende Netzwerke zum Übergang Kita – Grundschule Bebelhof werden gepflegt und neue geknüpft

Die Sozialarbeiterin hat im Schuljahr 2014/15 vorrangig an der Planung gearbeitet, da in der Projektplanung dieses Ziel der Kategorie 2 (kurzfristige Konzeptentwicklung, mittelfristige Umsetzung) zugeordnet wurde. Eine 100%ige Zielerreichung ist kaum möglich, da es bei einer Kooperation der Zustimmung beider Partner bedarf. Bei den Kooperationsvereinbarungen, die zustande gekommen sind, wie beispielsweise mit dem Kinder- und Familienzentrum Schefflerstraße, verläuft die Zusammenarbeit sehr gut. Es werden gemeinsame Projekte durchgeführt. Ein Beispiel hierfür ist ein Deutschkurs, der für die Eltern mit Migrationshintergrund des KiFaZ und der Schule initiiert wurde.

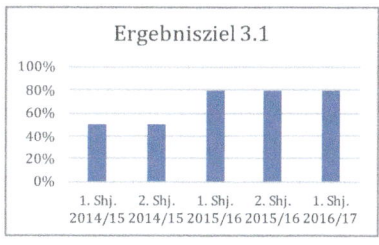

Im 1. Schulhalbjahr 2016/17 konnte die Zielerreichung stabil bei 80 % gehalten werden, da die Kooperationen mit den Kitas weiterbestehen.

- Ergebnisziel 3.2: ErzieherInnen in den Kitas sind über die Anforderungen der Schule informiert

Im 1. Schulhalbjahr 2014/15 konnte das Ziel nicht erreicht werden, da es keine entsprechenden Richtlinien gab. Diese wurden durch die Entwicklung des „Brückenjahres" entfaltet. Innerhalb des Projektes „Brückenjahr" gibt es einen Kooperationskalender, in dem nicht nur die Hospitationen, sondern auch weitere gemeinsame Aktivitäten zwischen Schule und Kitas festgehalten werden.

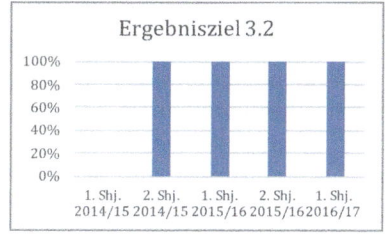

Der Ablaufplan kann für weitere Schuljahre an die Belange der Schule und der Kitas angepasst werden, so dass die Zielerreichung konstant beibehalten werden kann.

- Ergebnisziel 3.3: Kooperationen mit weiterführenden Schulen, um den Übergang von Grundschule auf weiterführende Schulen für Eltern und Kinder zu erleichtern und somit den Lernstart zu verbessern

Das Ergebnisziel 3.3 wurde in der Planungsphase der Kategorie 3 (Umsetzung kann erst nach Klärung der Rahmenbedingungen/ des Feldzugangs erfolgen) zugeordnet, so dass

dieses Ziel im Schuljahr 2014/15 nicht erreicht werden konnte. Ab dem 1. Schulhalbjahr 2015/16 wurde mit der Planung begonnen. Die Umsetzung sollte durch
Gespräche zwischen den jeweiligen Schulleitungen geschehen. Da die abgehenden
SchülerInnen auf 13 verschiedene Schulen gehen, wurde von der Schulleitung und
die Sozialarbeiterin festgelegt, dass ab dem Schuljahr 2016/17 Absprachen mit den
Schulen stattfinden, auf die mindestens 4 SchülerInnen gehen. In der Folge wurden
im 1. Schulhalbjahr 2016/17 Kontakte zur IGS Heidberg und zur Pestalozzi Schule
aufgenommen.

- Ergebnisziel 3.4: Kooperationspartner zur Förderung der Lernentwicklung
  aktivieren

Mit der Umsetzung des Ergebnisziels 3.4
wurde bereits im 1. Schulhalbjahr 2014/15
begonnen, da dieses zur Kategorie 1 (sofor-
tige/ kurzfristige Umsetzung) gehört. Im
2. Schulhalbjahr 2014/15 befanden sich die
Vorhaben in Kooperation mit dem Projekt
„Schenk mir eine Stunde" in der Planungsphase und konnten im 1. Schulhalbjahr
2015/16 umgesetzt werden.

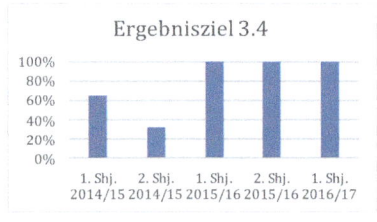

Die Kooperation mit „Schenk mir eine Stunde" sowie mit dem „Zentrum für
integrative Lerntherapie" wurde weiterentwickelt und konnte in den folgenden
Halbjahren gefestigt werden.

- Ergebnisziel 3.5: Niedrigschwellige Beratungsangebote in der Schule

Bei dem Ergebnisziel 3.5 ist ein kontinuier-
liches Wachstum der Zielerreichung fest-
zustellen. Da der ASD keine zeitlichen &
personellen Ressourcen hat, um einmal im
Monat eine Sprechstunde in der Grundschule
Bebelhof anzubieten, konnte das Ziel lediglich zu 87,5 % erreicht werden.

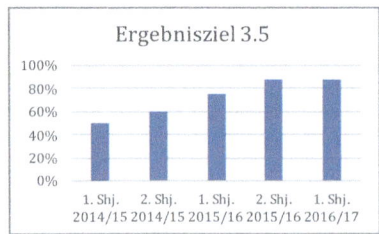

- Ergebnisziel 3.6: Optimierung der Zusammenarbeit mit dem Jugendzentrum (JuZe)

Die Zusammenarbeit mit dem Jugendzentrum konnte erfolgreich optimiert werden.
Die MitarbeiterInnen des Jugendzentrums sind mit Aktivitäten in der Grundschule Bebelhof vertreten. Dazu zählen zum Beispiel die wöchentlich stattfindenden Lesepausen, die monatlichen Pausengroßgruppenangebote und die jährliche Teilnahme am Sommerfest der Grundschule Bebelhof.

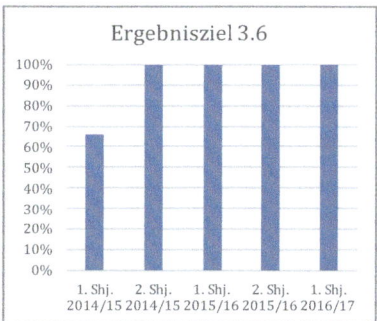

- Ergebnisziel 3.7: Kooperationspartner für interkulturelle Projekte aktivieren

Als Kooperationspartner für interkulturelle Projekte konnte die Volkshochschule Braunschweig gewonnen werden. Im Schuljahr 2015/16 wurde eine „Gartenaktivität" durchgeführt. Diese soll, da sie von den Kindern, Lehrkräften und Eltern sehr gut angenommen wurde, im Schuljahr 2016/17 erneut durchgeführt werden. Der leichte Rückgang der Zielerreichung im Schuljahr

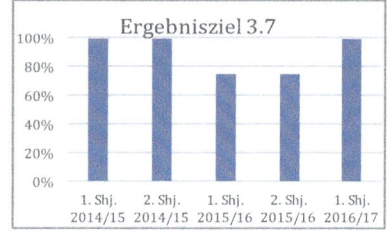

2015/16 ergab sich, da die angedachte Zusammenarbeit mit weiteren Akteuren noch in der Planungsphase war. Die geplanten Projekte sind im 1. Schulhalbjahr 2016/17 durchgeführt worden, so dass das Ziel erneut zu 100 % erreicht werden konnte. Eines dieser Projekte ist in enger Zusammenarbeit mit dem „Stadt(t) Garten Bebelhof" (VHS Braunschweig) entstanden und wird auch im 2. Schulhalbjahr 2016/17 weitergeführt.

- Ergebnisziel 3.8: Bestehende Kooperationen „Schenk mir eine Stunde, Klasse 2000, Brückenjahr, Jugendzentrum TiB, Löwenkids" festigen und ausbauen

Bestehende Kooperationen konnten im Laufe des Projektes ausgebaut und gefestigt werden. Der leichte Rückgang der Zielerreichung im 1. Schulhalbjahr 2015/16 ergab sich, da Maßnahmen für das gesamte Schuljahr geplant wurden. Einige dieser

Maßnahmen konnten im 1. Schulhalbjahr 2015/16 noch nicht durchgeführt werden.

Besonders hervorzuheben sind die Kooperation mit dem Projekt „Schenk mir eine Stunde" und „Löwenkids". Diese laufen kontinuierlich weiter und werden sehr gut angenommen.

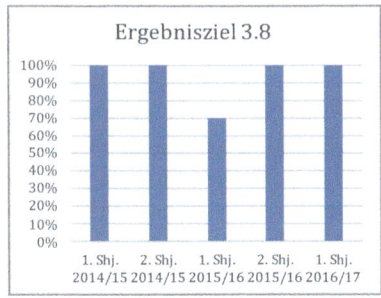

- Ergebnisziel 3.9: Bewährte AGs beibehalten, neue u. a. interkulturelle / inklusive AGs initiieren

Das Ziel befand sich im 1. Schulhalbjahr 2014/15 in der Planungsphase. Die geplanten AGs konnten im 2. Schulhalbjahr 2014/15 umgesetzt werden. Durch strukturelle und organisatorische Veränderungen im 1. Schulhalbjahr 2015/16, die beinhalteten, dass die Schule keine Honorarverträge mehr abschließen durfte und AGs nur noch an einem Tag durchgeführt werden sollten, konnte das Ziel nicht mehr erreicht werden. Die Sozialarbeiterin hat im 1. Schulhalbjahr 2015/16

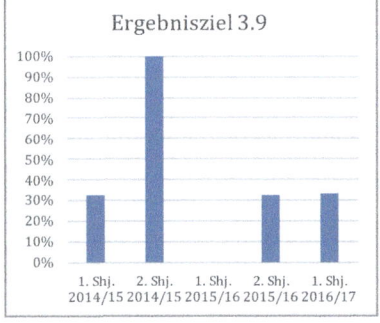

neue Methoden entwickelt, um die AG Vielfalt aufrechtzuerhalten. So wurden beispielsweise das Clowns Projekt und die Fußball-AG initiiert.

- Ergebnisziel 3.10: Kooperation mit der Hans-Würtz-Schule fördern

Das Ergebnisziel 3.10 ist der Kategorie 3 (Umsetzung kann erst nach Klärung der Rahmenbedingungen/ des Feldzugangs erfolgen) zugeordnet worden, so dass erst im 2. Schulhalbjahr 2014/15 die Umsetzung begann. Die initiierten Projekte/Maßnahmen, wie zum Beispiel das jährliche gemeinsame „Weihnachtssingen" beider Schulen, die „Kiosk-AG", bei der Platz für SchülerInnen

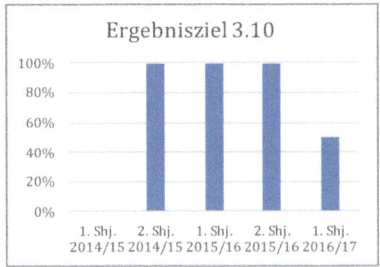

**Abb. 44** Auftritt beim Sommerfest vom Clowns Projekt
© Tatjana Schmidt

der Grundschule Bebelhof geschaffen wurde, sowie das „Garagenprojekt", fördern die Kooperation mit der Hans-Würtz-Schule. Diese Maßnahmen sollen weiter durchgeführt werden.

Der Abfall der Zielerreichung im 1. Schulhalbjahr 2016/17 ist darauf zurückzuführen, dass keine gemeinsame Sitzung mit dem Schülerrat der HWS stattfinden konnte, denn dieser hat aufgrund interner Abläufe seltener getagt. Die Schulsozialarbeiterin wird dies jedoch bei der nächsten Gelegenheit nachholen. Zudem wird die Kooperation mit der Hans-Würtz-Schule durch das Projekt „Brückenbau" und die damit verbundene Garagenrenovierung intensiv gefördert.

- Ergebnisziel 3.11: Abstimmung zwischen Grundschule Bebelhof und Hans-Würtz-Schule hinsichtlich Unterrichtsanfängen und Pausenzeiten

Es haben Gespräche der Schulleitungen stattgefunden, jedoch ohne positives Ergebnis, so dass das Ziel nicht erreicht werden konnte.

Ergebnisziel 3.11

| | | | | |
|---|---|---|---|---|
| 100% | | | | |
| 50% | | | | |
| 0% | | | | |
| 1. Shj. 2014/15 | 2. Shj. 2014/15 | 1. Shj. 2015/16 | 2. Shj. 2015/16 | 1. Shj. 2016/17 |

Es ist davon auszugehen, dass es auch in Zukunft nicht möglich sein wird, dieses Ziel zu erfüllen, da Gespräche der Schulleitungen die äußeren Faktoren, die die Veränderung der Unterrichtsanfänge und Pausenzeiten beeinflussen, nicht verändern können.

- Ergebnisziel 3.12: Die bereits vorhandene Ehrenamtsstruktur sollte weiter ausgebaut werden

Die Erreichung des Ergebnisziels 3.12 der Kategorie 2 (kurzfristige Konzeptentwicklung, mittelfristige Umsetzung) konnte seit dem 2. Schulhalbjahr 2014/15 kontinuierlich verbessert werden.

Die Anzahl der Lesepausen konnte durch das Engagement von Eltern, Freiwilligen und MitarbeiterInnen des Jugendzentrums erhöht und stabilisiert werden, so dass die vorhandene Ehrenamtsstruktur weiter ausgebaut werden konnte.

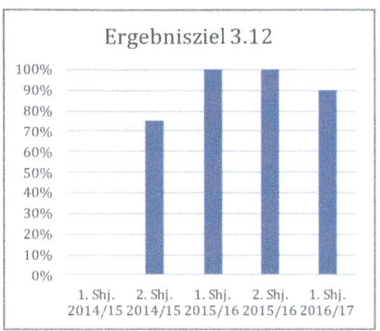

- Ergebnisziel 3.13: Kooperation mit dem Haus der Begegnung der Lebenshilfe (inklusive Begegnungen ermöglichen)

Es konnte keine Kooperation mit dem „Haus der Begegnungen" geschlossen werden. Es war angedacht, dass die vierten Klassen in das „Haus der Begegnungen" gehen und dort vorlesen. Im 1. Schulhalbjahr 2016/17 fand ein Gespräch mit MitarbeiterInnen des „Hauses der Begegnungen" statt. Es gab wenig Interesse an einer Kooperation.

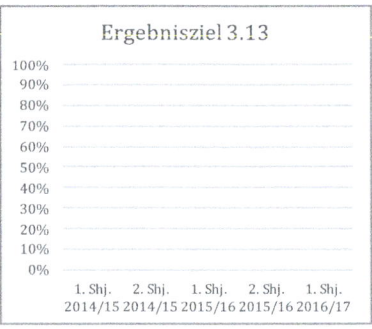

- Ergebnisziel 3.14: Schlüsselpersonen im Sozialraum informieren

Es wurden Schlüsselpersonen im Sozialraum über das Projekt „Stadtteil in der Schule" informiert. Dazu gehören vor allem persönliche Kontakte zu dem Schulvorstand und der „Agentur für Arbeit".

Ziel der Gespräche mit der „Agentur für Arbeit" ist gewesen, das Antragsverfahren für „Bildungs-und Teilhabepakete" nachzuvollziehen um die Eltern bei Bedarf unterstützen zu können.

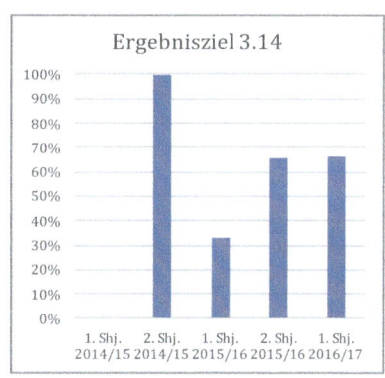

- Ergebnisziel 3.15: OGS MitarbeiterInnen informieren ggf. aktivieren

Im Schuljahr 2014/15 hat die Schulsozialarbeiterin die OGS MitarbeiterInnen in Dienstbesprechungen der Nachmittagsbetreuung über den aktuellen Stand des Projektes „Stadtteil in der Schule" informiert. Im Schuljahr 2015/16 sowie im 1. Schulhalbjahr 2016/17 konnte sie zusätzlich einige MitarbeiterInnen in das Projekt einbinden.

So unterstützt zum Beispiel eine Mitarbeiterin mit arabischen Sprachkenntnissen bei der Kommunikation mit Eltern aus dem arabischen Raum.

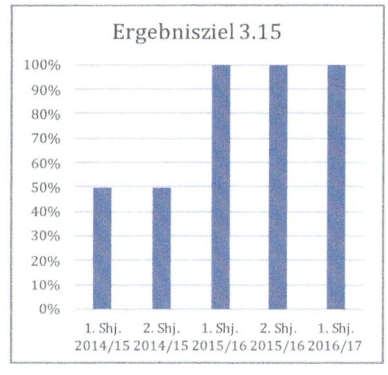

- Ergebnisziel 3.16: Zusätzliche räumliche Ressourcen für das Projekt akquirieren

Seit dem 2. Schulhalbjahr 2014/15 hat die Schulsozialarbeiterin an der Erreichung des Ergebnisziels 3.16, Kategorie 2 (kurzfristige Konzeptentwicklung, mittelfristige Umsetzung) und 3 (Umsetzung kann erst

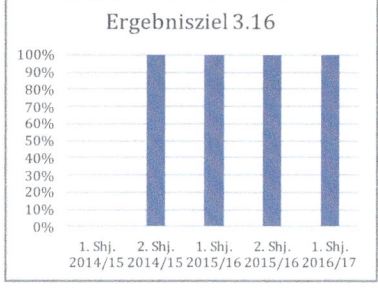

nach Klärung der Rahmenbedingungen/ des Feldzugangs erfolgen) gearbeitet. So konnte sie durch die Zusammenarbeit mit der Martin Luther Kirche einen Raum zur Durchführung eines Sprachkurses akquirieren. Weitere Räume konnten durch eine engere Zusammenarbeit mit der Hans-Würtz-Schule akquiriert werden.

Das Rahmenziel 3: „Netzwerkarbeit (Grundschule als Koordinationszentrum, um vorhandene Kooperationen zu stärken und neue zu rekrutieren)" konnte im 2. Schulhalbjahr 2015/16 zu 73 % erreicht werden. (Durch die nicht stattgefundene gemeinsame Sitzung mit dem Schülerrat der Hans-Würtz-Schule ist die Zielerreichung im 1. Schulhalbjahr 2016/17 auf 71 % gefallen.)

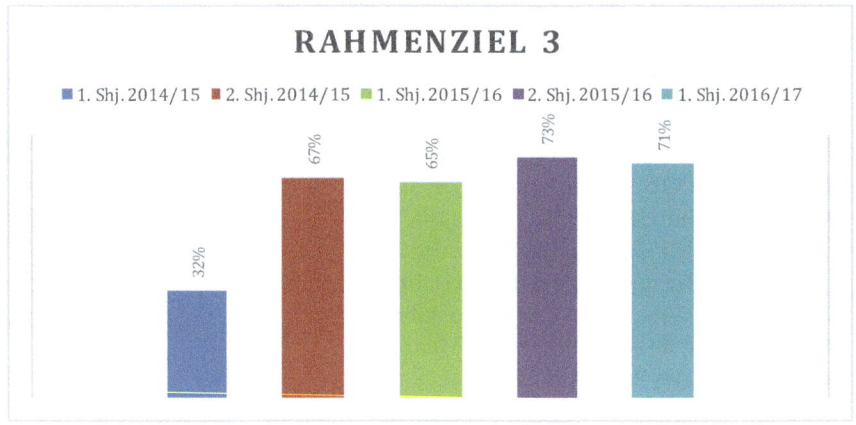

**Abb. 45**  Netzwerkarbeit (Grundschule als Koordinationszentrum, um vorhandene Kooperationen zu stärken und neue zu rekrutieren)

▶ **Rahmenziel 4: LehrerInnen in die Planung und Umsetzung des Projektes aufnehmen**

- Ergebnisziel 4.1: Das Kollegium wird informiert

Das Kollegium wird von der Schulsozialarbeiterin regelmäßig, im Rahmen von
Dienstbesprechungen, über das Projekt informiert. Zusätzlich werden weitere Akteure
im Sozialraum z. B. durch den Sommer- und
Winterbrief informiert.

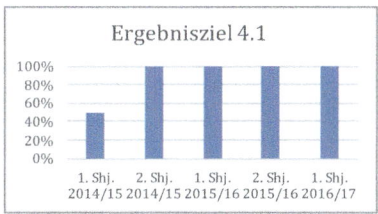

**Abb. 46** Weihnachtsbrief 2016 der Grundschule Bebelhof
© Tatjana Schmidt

- Ergebnisziel 4.2: LehrerInnen werden nach Bedarf aktiviert und sind bereit sich ehrenamtlich im Projekt zu engagieren

Die Schulsozialarbeiterin hat LehrerInnen
bei Bedarf aktiviert, diese haben ehrenamtlich in dem Projekt mitgearbeitet. Eine
Befragung der LehrerInnen hat jedoch nicht
stattgefunden, weswegen die Zielerreichung
konstant bei 50 % blieb.

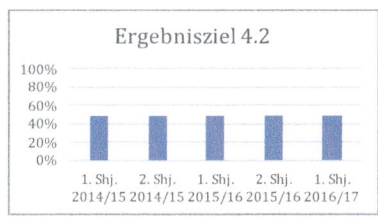

Das Rahmenziel 4 konnte ab dem 2. Schulhalbjahr 2014/15 stabil zu 75 % erreicht werden, da der Indikator „LehrerInnenbefragung" nicht erfüllt werden konnte.

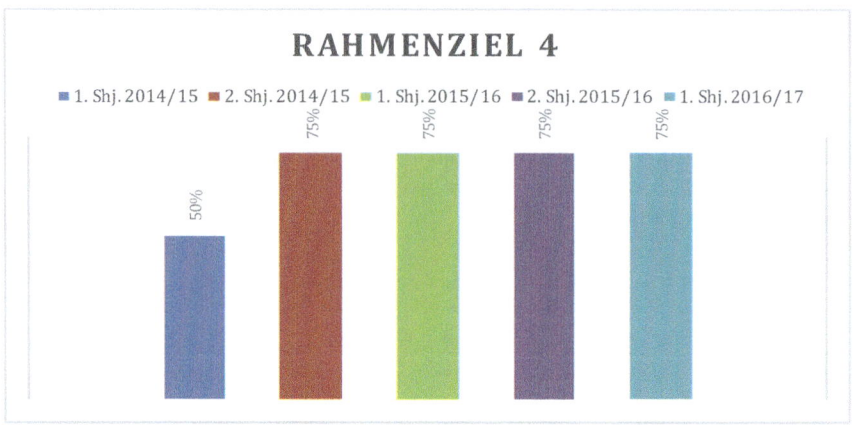

**Abb. 47** LehrerInnen in die Planung und Umsetzung des Projektes aufnehmen

## 3.3 Auswertung der Prozessevaluationen für die Grundschule Rheinring

Das Projekt begann an der Grundschule Rheinring, anders als an den Grundschulen Altmühlstraße und Bebelhof, erst im 2. Schulhalbjahr 2014/15.

Die eingestellte Fachkraft stand auf Grund von Schwanger- und Mutterschaft für die Umsetzung, der mit ihr abgestimmten Planung, nicht zur Verfügung. Dies führte zu Verzögerungen, da die Planung mit der Vertretung neu abgestimmt werden musste.

▸ **Rahmenziel 1: „Bewegung, Ernährung und Gesundheit"**

• Ergebnisziel 1.1: Schultag durch Bewegung rhythmisieren

Einmal wöchentlich wurden Bewegungsangebote und zweimal wöchentlich Pausenspiele initiiert. In den folgenden Schulhalbjahren
wurden für alle Klassen sieben Spielgeräte,
sowie acht Fahrzeuge angeschafft. Zudem
wurde daran gearbeitet, kontinuierlich die
Pausenausleihe zu besetzen. Es wurden An-
spannungs- und Entspannungsphasen in

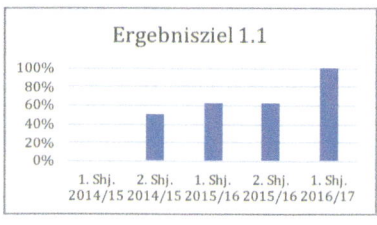

den Unterricht eingebaut. Das Ziel konnte im 1. Schulhalbjahr 2016/17 zu 100 %
erreicht werden.

**Abb. 48** Spiele für die Pausenausleihe
© Kirsten Pöhlsen

• Ergebnisziel 1.2: Angebote zu Bewegung und Gesundheit werden in die Schule
geholt

Die Zielerreichung des Ergebnisziels 1.2 hängt stark von der Mitwirkung von
außerschulischen Partnern und deren zeitlichen und personellen Ressourcen ab.

Es wurden konstant Workshops durch außerschulische Kooperationspartner, wie beispielsweise „Erlebnispädagogik mit Zweit- und Drittklässlern" angeboten, jedoch konnten nicht immer 2 AGs wöchentlich durchgeführt werden. Dies gelang lediglich im 2. Schulhalbjahr 2015/16.

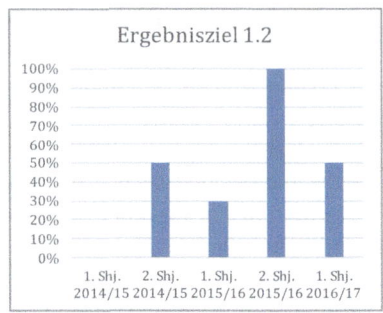

**Abb. 49** Erlebnispädagogik mit Zweit- und Drittklässlern
© Kirsten Pöhlsen

- Ergebnisziel 1.3: Ernährungsbewusstsein der Kinder, aber auch der Eltern schärfen

Das Ernährungsbewusstsein der Kinder wird kontinuierlich durch das gesunde Frühstück verbessert, das von der Firma „Staake" gespendet wird. Im 2. Schulhalbjahr 2014/15 wurde diese Zusammenarbeit initiiert. In den darauffolgenden Schulhalbjahren wurde sie optimiert. Eine Befragung der Lehrkräfte ergab, dass die Kinder ausreichend Pausen-

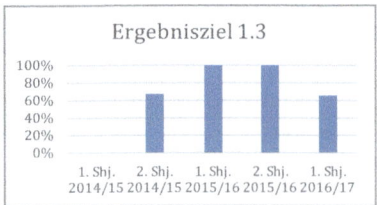

brote von ihren Eltern erhalten und auch ausreichend trinken. Im 1. Schulhalbjahr 2016/17 wurde eine solche Befragung nicht durchgeführt, so dass die Zielerreichung nur zu 66 % nachgewiesen werden konnte.

Im Projektzeitraum wurden diverse Bewegungsangebote durchgeführt, zudem hat sich das Ernährungsbewusstsein und das Trinkverhalten der Kinder laut Aussage der Schulsozialarbeiterin und der für das Projekt „Stadtteil in der Schule" eingestellten Sozialarbeiterin gebessert.

Insgesamt konnte die Erreichung des Rahmenziels 1 „Bewegung, Ernährung und Gesundheit" kontinuierlich verbessert werden.

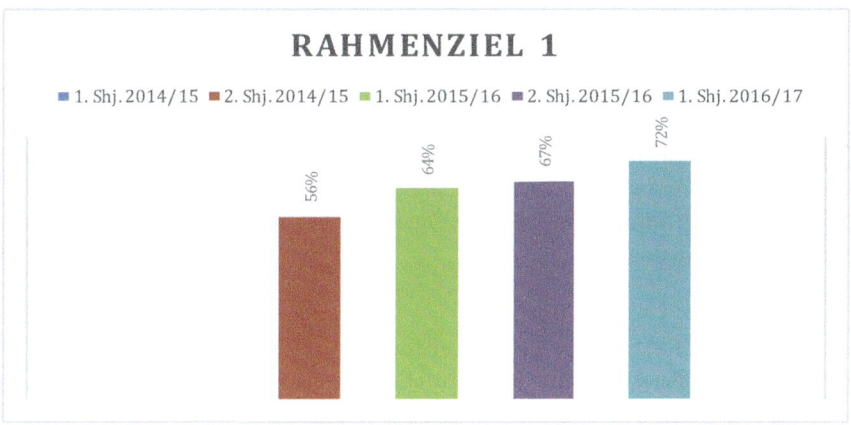

**Abb. 50** Bewegung, Ernährung und Gesundheit

▶ **Rahmenziel 2: „Elternarbeit intensivieren"**

• Ergebnisziel 2.1: Integration der Eltern durch zusätzliche, spezifische Angebote

In den ersten drei Schulhalbjahren wurden Konzepte und Angebote zur Integration der Eltern in das Schulleben geplant. Durch die Durchführung von Informationsveranstaltungen zu Themen wie Mediennutzung und

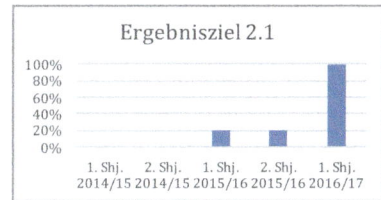

Computerspielen und Festen, wie dem „Laternenfest", die von vielen Eltern besucht wurden, ist es im 1. Schulhalbjahr 2016/17 gelungen das Ziel zu 100 % zu erreichen.

- Ergebnisziel 2.2: Identifikation mit der Schule

Die Teilnahme von Eltern an vielen Veranstaltungen zeigt an, dass diese sich mit der Schule identifizieren. Die Zielerreichung konnte auf 67 % erhöht werden, da Eltern regelmäßig am initiierten Elterncafé teilnehmen.

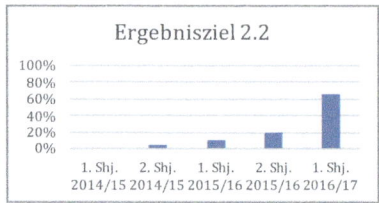

- Ergebnisziel 2.3: Kooperation mit engagierten Eltern stabilisieren

Die Kooperation mit engagierten Eltern konnte stabilisiert werden. Die Eltern bringen ihre Kompetenzen ein und beteiligen sich an Angeboten.

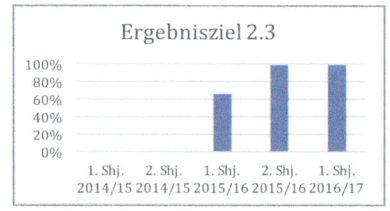

- Ergebnisziel 2.4: Ansprechpartner für Eltern auch bei Anträgen u. ä. (kulturelle Hintergründe der Eltern berücksichtigen)

Die Eltern nahmen das Beratungsangebot der Schulsozialarbeiterin im 1. Schulhalbjahr 2016/17 an, so dass die Teilnahme an Klassenfahrten verbessert werden konnte.

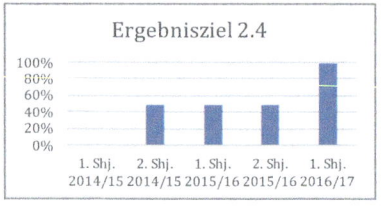

- Ergebnisziel 2.5: Erziehungskompetenz der Eltern stärken

Zur Stärkung der Elternkompetenzen wurde im 2. Schulhalbjahr das ELKO-Projekt an der Grundschule angeboten. Im 1. Schulhalbjahr 2016/17 wurde vorrangig an der Planung

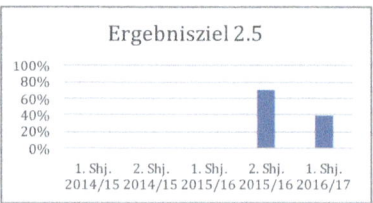

der Kooperation mit der VHS gearbeitet. Die Veranstaltungen dazu fanden im 2. Schulhalbjahr 2016/17 statt. An der Schule gibt es zudem seit dem Schuljahr 2016/17 einen weiteren Schulsozialarbeiter, der Kinder mit sozial-emotionalem Förderbedarf unterstützt und auch Elternkompetenzen verbessert.

Das Rahmenziel 2 konnte im 1. Schulhalbjahr 2016/17 zu insgesamt 81 % erfüllt werden, da Eltern die Angebote angenommen haben.

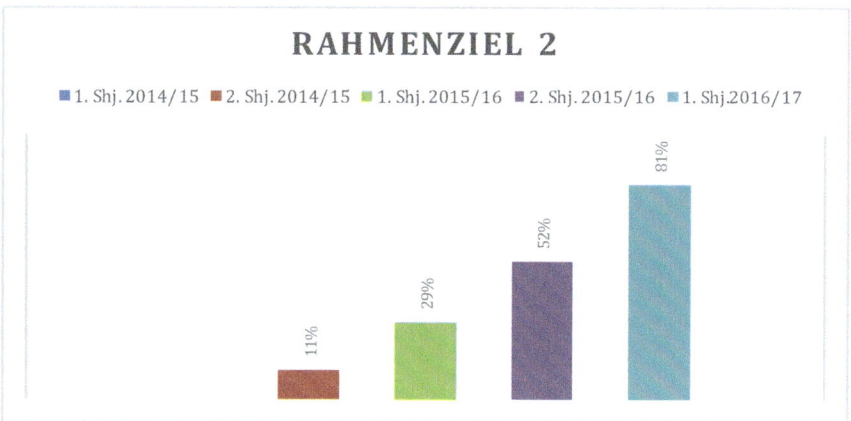

**Abb. 51** Elternarbeit intensivieren

▶ **Rahmenziel 3: „Teilhabemöglichkeit am Leben in der Gemeinschaft trotz finanzieller Armut"**

• Ergebnisziel 3.1: Das Freizeit- und kulturelle Angebot soll erweitert werden

An der Erweiterung des Freizeit- und kulturellen Angebots wird gearbeitet. Dazu zählen Maßnahmen wie ein Ausflug der ersten Klassen in die Stadtbibliothek. Es gab ein „Bilderbuchkino" und den Kindern wurde

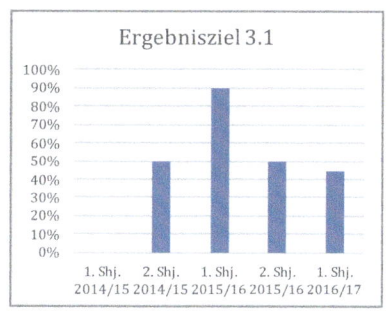

gezeigt, wie man Bücher findet und wie die Ausleihe funktioniert. Der Besuch soll die Kinder zum Lesen anregen.

Die Angebote, die an die Kinder und ihre Eltern herangetragen werden, sind kostenfrei oder kostengünstig, so dass Teilhabemöglichkeiten verbessert werden.

(Die Aussagen zum Ergebnisziel 3.1 treffen auch auf das Rahmenziel 3 zu, da dieses nur ein Ergebnisziel hat.)

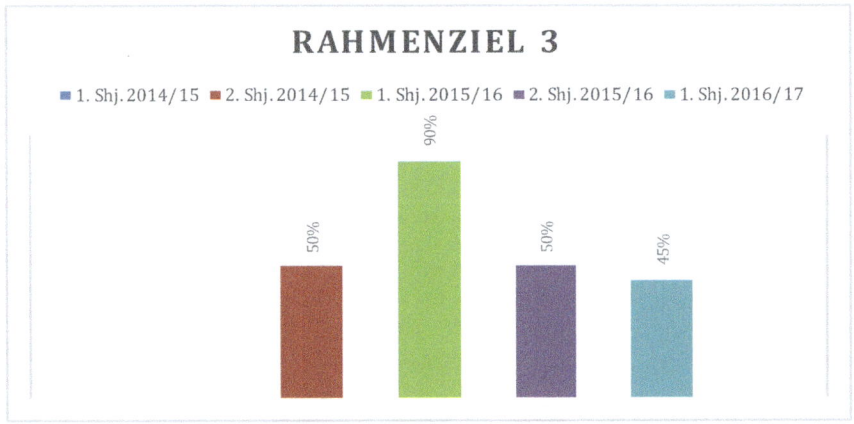

**Abb. 52** Teilhabemöglichkeit am Leben in der Gemeinschaft trotz finanzieller Armut

▶ **Rahmenziel 4: Es sollen Beratungsangebote in die Schule geholt werden**

- Ergebnisziel 4.1: Migrationsspezifische Angebote sollen in die Schule geholt werden

Die Sozialarbeiterinnen können auf Grund fehlender räumlicher und personeller Ressourcen keine Integrationskurse anbieten und müssen die Eltern an externe Anbieter verweisen.

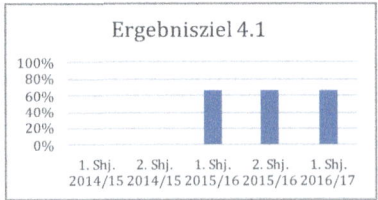

Solange sich die räumlichen Rahmenbedingungen und personellen Ressourcen nicht verbessern, kann das Ziel nicht zu 100 % erreicht werden.

- Ergebnisziel 4.2: Angebote zur Qualifizierung der Eltern und sozialen Beratung sollen in die Schule geholt werden

Im 1. Schulhalbjahr 2016/17 wurde der „Elterntalk" wie in den Schulhalbjahren zuvor weitergeführt. Erste Treffen wurden im Rahmen des „Computerkurses" geführt. Es wurde auf Beratungsangebote der AWO verwiesen. Diese konnten wegen fehlender räumlicher Ressourcen nicht in der Schule angeboten werden.

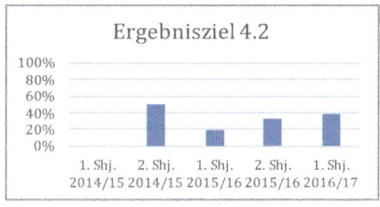

- Ergebnisziel 4.3: „Leistungen der Ämter und Behörden sollen in der Schule angeboten werden"

Das Elterncafé findet regelmäßig statt und die Eltern werden informiert. Zudem werden sie auf die Unterstützung beim Ausfüllen der benötigten Anträge hingewiesen und nehmen diese auch an.

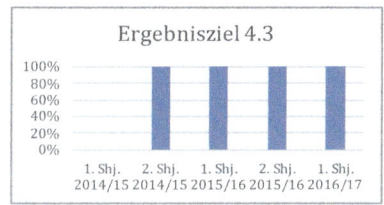

Die Erreichung des Rahmenziels 4 konnte im Projektzeitraum kontinuierlich verbessert werden.

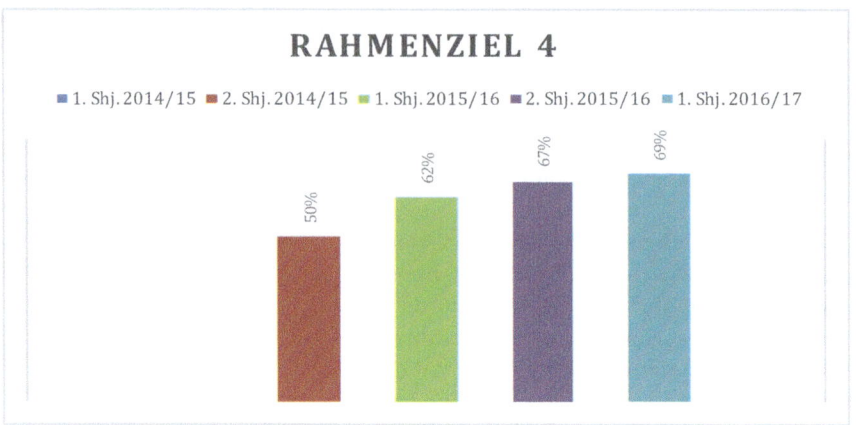

**Abb. 53**  Beratungsangebote in die Schule holen

► **Rahmenziel 5: Netzwerkarbeit**

• Ergebnisziel 5.1: Netzwerk pflegen, bestehende Kooperationen nutzen und qualitativ ausbauen (vorhandene Beteiligungskultur fördern und unterstützen)

Es haben diverse Treffen stattgefunden. Dabei konnten drei Feste (Drachenfest, Weihnachtsmarkt, Sommerferienfest der AGeWe) initiiert und in jedem Schuljahr durchgeführt werden. Das Drachenfest sowie das Sommerferienfest haben bereits im Schuljahr 2014/15 stattgefunden. Der Weihnachtsmarkt wurde im Schuljahr 2015/16 und auch im 1.

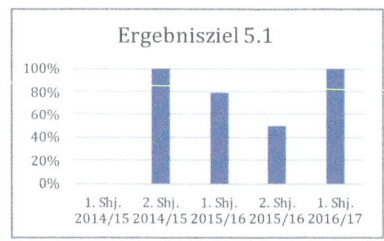

Schulhalbjahr 2016/17 veranstaltet. Durch die Zusammenarbeit mit dem Kulturpunkt WEST besteht die Möglichkeit für die Schüler der Grundschule Rheinring Sommerferienangebote (kleinere Aktionen) wahrzunehmen. Außerdem wurde für die Ehrenamtlichen ein „Ehrenamts-Dankeschön-Café" veranstaltet.

**Abb. 54** Dankeschön-Café für Ehrenamtliche
© Kirsten Pöhlsen

- Ergebnisziel 5.2: Generationsübergreifende Angebote

Die Mitglieder der ALTERaktiv sind an der Grundschule Rheinring als Lesepaten tätig. Mitglieder der ALTERaktiv haben beim Weihnachtsmarkt mitgewirkt. Wegen fehlender Kapazitäten der Grundschule entfiel die Teilnahme am Seniorentag, so dass nur zwei gemeinsame, generationsübergreifende Angebote stattgefunden haben.

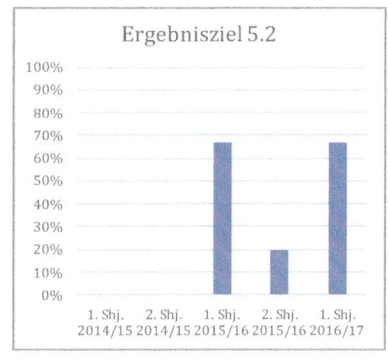

Der Einbruch der Zielerreichung im 2. Schulhalbjahr 2015/16 ist damit zu erklären, dass das „Seniorenfest" im 1. Schulhalbjahr 2016/17 stattfinden sollte, aber auf Grund fehlender Kapazitäten der Grundschule entfiel.

- Ergebnisziel 5.3: Das ehrenamtliche Engagement soll weiter unterstützt und stabilisiert werden

Das Streitschlichter-Projekt besteht seit 2 Jahren. Im Schuljahr 2015/16 konnten die ehrenamtlichen Streitschlichter nicht fünf Mal in der Woche anwesend sein. Das ehrenamtliche Engagement konnte im 1. Schulhalbjahr 2016/17 weiter stabilisiert werden.

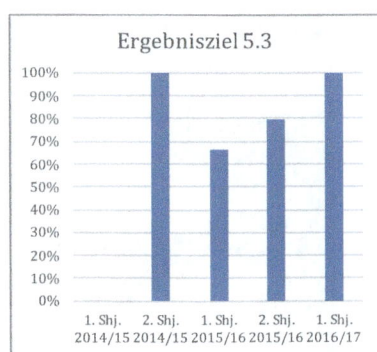

- Ergebnisziel 5.4: Verbesserung der Netzwerkqualität

Die Schule ist in den folgenden Gremien vertreten: AG; ALTERaktiv; Weststadtplenum. Zusätzlich findet eine Verbesserung der Netzwerkqualität durch die Kooperation mit der Grundschule Altmühlstraße (Nachbarschaftswerkstatt) statt.

Im 2. Schulhalbjahr 2014/15 ist das Ziel noch nicht erreicht worden, da es zur Kategorie 2 (kurzfristige Konzeptentwicklung, mittelfristige Umsetzung) gehört.

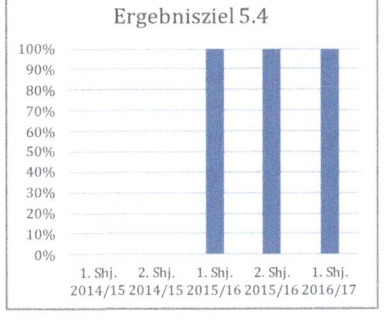

- Ergebnisziel 5.5: Verbindungen zwischen den Einrichtungen und Akteuren aufbauen

Die Verbindungen zwischen den Einrichtungen und Akteuren konnten kontinuierlich ausgebaut werden. Es finden diverse Treffen zur Stärkung der Zusammenarbeit statt. Dabei werden auch vielfältige gemeinsame Aktionen geplant und umgesetzt.

Da zu Beginn der Durchführungsphase nur wenige gemeinsame Aktionen stattge-

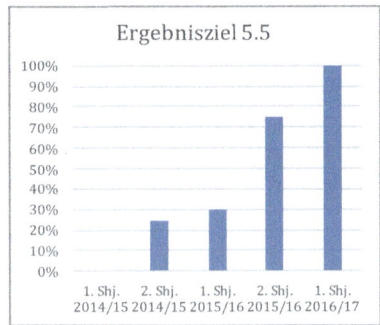

funden haben, konnte das Ziel im 2. Schulhalbjahr 2014/15 nur zu 25 % und im 1. Schulhalbjahr 2015/16 zu 30 % erfüllt werden.

Nach einer Modifizierung der Planung im 1. Schulhalbjahr 2015/16 (in Abstimmung mit der Sozialarbeiterin, die die ausgefallene Fachkraft vertrat), konnte das Rahmenziel 5 im 1. Schulhalbjahr 2016/17 zu 93 % erreicht werden.

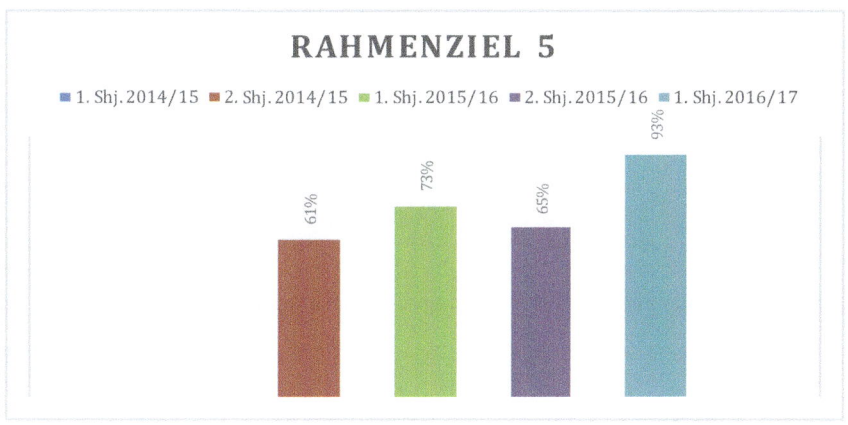

**Abb. 55** Netzwerkarbeit

▶ **Rahmenziel 6: „Akzeptanz gegenüber Einrichtungen der Ganztagsschule fördern"**

• Ergebnisziel 6.1 „Es sollen Freiräume möglich sein (gegenseitige Akzeptanz, Anerkennung nonformaler Bildung)"

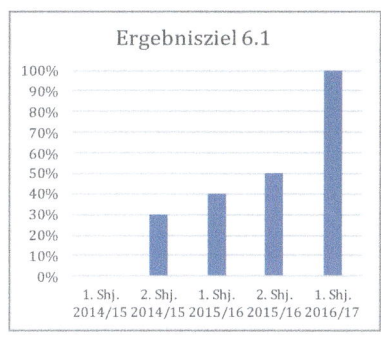

Nach Auskunft der Sozialarbeiterinnen gibt es keine Probleme mehr zwischen den Akteuren, da sich der Ganztagsbereich, sowie Lehrer, Sozialarbeiter und Träger, regelmäßig absprechen.

(Die Aussage zum Ergebnisziel 6.1 trifft auch auf das Rahmenziel 6 zu, da dieses nur ein Ergebnisziel hat.)

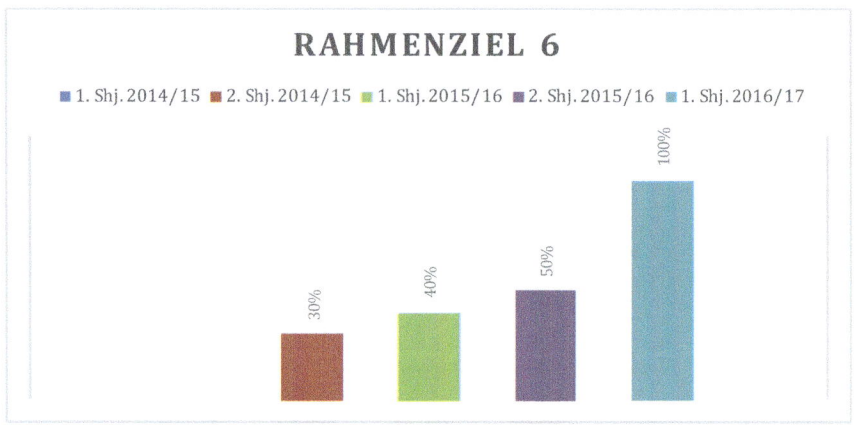

**Abb. 56**  Akzeptanz gegenüber Einrichtungen der Ganztagsschule fördern

▶ **Rahmenziel 7: „Ressourcenmanagement"**

- Ergebnisziel 7.1: Zusätzliche Ressourcen akquirieren

Durch die Kooperation mit der VHS, die seit Januar 2017 besteht, konnte das vorhandene Angebot weiter ausgebaut werden.

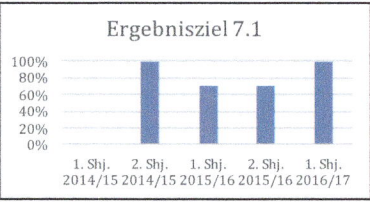

Die Grundschule Altmühlstraße kooperiert mit der Grundschule Rheinring und führt gemeinsame Projekte durch, wodurch in dem Stadtteil die Netzwerke um die Schulen herum noch mehr in Kontakt getreten sind.

- Ergebnisziel 7.2: Vorhandene räumliche Ressourcen nutzen

Die vorhandenen räumlichen Ressourcen wurden ab dem 1. Schulhalbjahr 2015/16 komplett ausgeschöpft.

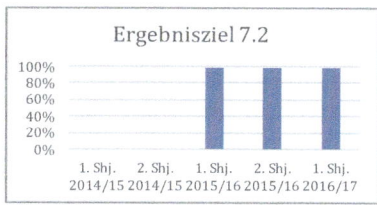

- Ergebnisziel 7.3: Verständigung über die Nutzung der Sporthalle, des Sportplatzes und der Mensa

Im 1. Schulhalbjahr 2016/17 konnte eine nahegelegene Turnhalle für diverse AGs genutzt werden.

Dies war im Schuljahr 2015/16 nicht möglich, da die Räumlichkeiten als Flüchtlingsunterkunft genutzt wurden.

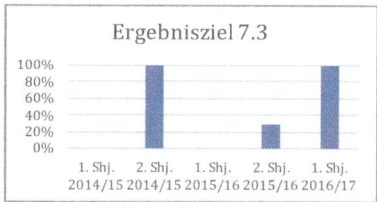

- Ergebnisziel 7.4: Positiv belegte Projekte wie den Pausenkiosk wieder aktivieren

Der „Pausenkiosk" findet statt. Zudem haben 5–8 Pausenangebote: Basketball, Fußball, Spiele, Kreidemalen und Wasserspiele im 1. Schulhalbjahr 2016/17 stattgefunden.

Da diese Maßnahmen sich in den Schuljahren zuvor in der Planungsphase befanden, konnte das Ziel vorher noch nicht zu 100 % erreicht werden.

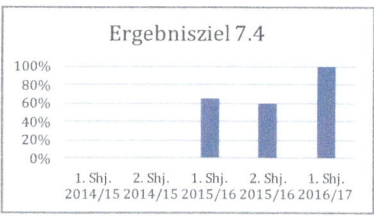

- Ergebnisziel 7.5: LehrerInnen unterstützen

Die bisherigen Zeitstifter aus dem 2. Schulhalbjahr 2015/16 führen ihre Arbeit in den einzelnen Klassen fort. Es wurden auch neue Zeitstifter gefunden. Somit haben alle Klassen Zeitstifter, die die Lehrkräfte unterstützen.

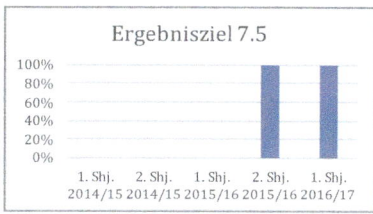

- Ergebnisziel 7.6: Kulturelle Hintergründe zu den Lebenswelten von SchülerInnen und Eltern in Fortbildungen für die LehrerInnen und pädagogischen Fachkräfte aufarbeiten

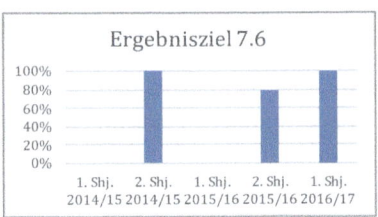

Im 2. Schulhalbjahr 2015/16 fand eine Fortbildung zum Thema „Interkulturelle Kommunikation" statt. Eine weitere Fortbildung folgte im 2. Schulhalbjahr 2016/17. Auch im 1. Schulhalbjahr 2016/17 ist das „Rheinring ABC" für die Eltern bereitgestellt worden.

Das Ziel konnte im 1. Schulhalbjahr 2015/16 nicht erreicht werden, da die Fortbildung zum Thema „Interkulturelle Kommunikation" erst im 2. Schulhalbjahr 2015/16 stattfinden konnte. Im 1. Schulhalbjahr 2016/17 wurde es erreicht, da zwei Fortbildungen stattgefunden haben.

Das Rahmenziel 7: „Ressourcenmanagement" konnte im 1. Schulhalbjahr 2016/17 zu 92 % erreicht werden.

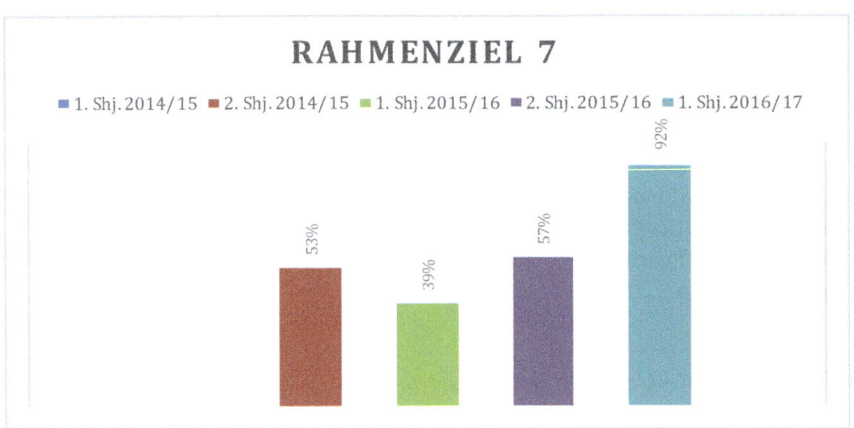

**Abb. 57** Ressourcenmanagement

# Ergänzende Erhebung: Problemzentrierte Interviews mit internen und externen Stakeholdern

Ludger Kolhoff

Für die Abschlussevaluation werden von Ludger Kolhoff ergänzend qualitative Experteninterviews mit 16 ausgewählten internen und externen Stakeholdern durchgeführt.

## 4.1 Stichprobe

Die Stichprobe wird im Sinne eines „A-priori-Samplings" gebildet. Hierbei wird ein Kriterienmix angewandt, der typische Perspektiven berücksichtigt. Es werden folgende Ebenen für die Stichprobe der Evaluation bedacht:

**A. Vertreter der internen (schulischen) Stakeholder**

*1. Schulleitungen*
- Herr G., Schulleiter der Grundschule Altmühlstraße
- Frau J., Schulleiterin der Grundschule Rheinring
- Frau Si., Schulleiterin der Grundschule Bebelhof

*2. Mitarbeiterinnen von „Stadtteil in der Schule"*
- Frau R., Mitarbeiterin an den Standorten Altmühlstraße und Rheinring
- Frau P., Mitarbeiterin am Standort Rheinring
- Frau S., Mitarbeiterin am Standort Bebelhof

*3. Mitarbeiterinnen im Nachmittagsbereich*
- Frau K., Koordinatorin des Nachmittagsbereiches der Grundschule Altmühlstraße

© Springer Fachmedien Wiesbaden GmbH, ein Teil von Springer Nature 2018
L. Kolhoff (Hrsg.), *Sozialraumorientierte Schulsozialarbeit*,
https://doi.org/10.1007/978-3-658-20307-8_4

- Frau Sch., Pädagogische Leitung der Nachmittagsbetreuung in der Grundschule Rheinring

*Elternvertreterinnen*
- Frau D., Elternvertreterin und Mitglied im Elternverein der Grundschule Rheinring
- Frau Ka., engagierte Mutter in der Grundschule Altmühlstraße

Um die **Perspektive der Schulleitungen** zu erfassen, erfolgt eine Vollerhebung:

Zur Erfassung der **Perspektive der Mitarbeiterinnenebene** von „Stadtteil in der Schule", erfolgt ebenfalls eine Vollerhebung.

Um die **Perspektive der MitarbeiterInnen des Nachmittagsbereichs und der Eltern** zu erfassen, erfolgt eine bewusste Auswahl der Interviewpartner (Friedrichs 1985, S. 130ff.) (Cut-off-Verfahren und Konzentrationsprinzip).

## B. Vertreter der externen Stakeholder

Um die **Perspektive der externen Stakeholder**, die an den drei Standorten eine besondere Bedeutung haben zu erfassen, erfolgt eine bewusste Auswahl (Cut-off-Verfahren und Konzentrationsprinzip).

Interviewt werden:
- Herr Rö., Bezirksbürgermeister der Weststadt
- Herr L., Leiter der Nachbarschaftstreffpunkte in der Weststadt
- Frau Sie. und Herr La. von der Initiative „Seniorpartner in School"
- Frau Ku. und Herr To., MitarbeiterInnen des Jugendzentrums „Treffpunkt im Bebelhof"
- Frau N.-W., Vertreterin der Initiative „Schenk mir eine Stunde"

Die Termine der durchgeführten Interviews werden auf den folgenden Seiten tabellarisch festgehalten.

**Terminplan**[1]

| Name/Einrichtung (Weststadt) | 20.9.2016 | 8.11.2016 | 14.11.2016 | 22.2.2017 | 28.2.2017 | 9.1.2017 | 19.1.2017 | 10.3.2017 |
|---|---|---|---|---|---|---|---|---|
| Frau R. und Frau P., Projektmitarbeiterinnen an den Standorten Altmühlstraße und Rheinring | x | | | | | | | |
| Herr Rö. Bezirksbürgermeister der Weststadt | | x | | | | | | |
| Herr G., Schulleiter der Grundschule Altmühlstraße | | | x | | | | | |
| Herr L., Leiter der Nachbarschaftstreffpunkte in der Weststadt | | | x | | | | | |
| Frau K., Koordinatorin des Nachmittagsbereiches der Grundschule Altmühlstraße | | | | x | | | | |
| Frau Ka., engagierte Mutter in der Grundschule Altmühlstraße | | | | | x | | | |
| Frau J., Schulleiterin der Grundschule Rheinring | | | | | | | x | |
| Frau Sch., Nachmittagsbetreuung in der Grundschule Rheinring | | | | | | x | | |
| Frau Sie. und Herr Lan. von der Initiative „Seniorpartner in Schools" | | | | | | x | | |
| Frau D., Elternvertreterin und Mitglied im Elternverein[1] | | | | | | | | x |

1   Der Termin kam leider nicht zu Stande. Stattdessen wurde ein E-Mail-Austausch geführt und ausgewertet.

| Name/Einrichtung (Bebelhof) | 17.10.2016 | 15.2.2017 | 22.2.2016 | 23.2.2017 |
|---|---|---|---|---|
| Frau Si., Schulleiterin der Grundschule Bebelhof | x | | | |
| Frau Ku. und Herr T., MitarbeiterInnen im Jugendzentrum „Treffpunkt im Bebelhof" | | x | | |
| Frau S., Projektmitarbeiterin am Standort Bebelhof | | | x | |
| Frau N.-W., Initiative „Schenk mir eine Stunde" | | | | x |

## 4.2 Experteninterviews

Die Experteninterviews werden als halbstrukturierte, problemzentrierte Interviews (Witzel 1982; Mayring 2016) durchgeführt.

### Kurzer methodischer Exkurs: problemzentrierte Interviews (Mayring 2016, Witzel 2000)

**Problemzentrierung:** Das Interview setzt an gesellschaftlichen Problemstellungen an, deren wesentliche objektive Aspekte vom Forscher vor der Interviewphase eruiert sein müssen.

**Gegenstandsorientierung:** Die konkrete Ausgestaltung des Interviews wird auf den spezifischen jeweils neuen Gegenstand bezogen. Es erfolgt keine Übernahme fertiger Instrumente.

**Prozessorientierung:** Durch den Interviewleitfaden werden die Befragten zwar auf bestimmte Fragestellungen hingeleitet, sie sollen und können aber offen, ohne Antwortvorgaben, darauf reagieren, indem schrittweise, reflexiv und adaptiert Daten gewonnen und geprüft werden und zwar zur flexiblen Analyse der Fragestellung im Verlauf des Interviews. Der Erkenntnisgewinn erfolgt als induktiv-deduktives Wechselspiel. Offenheit bestimmt den Interviewprozess, d. h. keine vorgegebenen Antwortalternativen werden geboten. Der Forscher kann so überprüfen, ob er überhaupt vom Interviewten verstanden wird. Die Befragten haben Raum für subjektive Deutungen (Schaffer 2002) und können selbst die kognitive Struktur des Interviews mitbestimmen. Die Interviewsituation ist thematisierbar. Das hat eine STÄRKERE VERTRAUENSBEZIEHUNG zw. Interviewer und Interviewtem zur Folge.

Es handelt sich um weiche, offene, „non-directive" Vorgehensweisen, so dass Themen und Erkenntnisse in Erfahrung gebracht werden können, die mit einem festen Fragenkatalog nicht erzielbar wären.

Die Interviews der vorliegenden Fremdevaluation sind auf eine klare, vom Interviewer in den Interviewleitfäden noch einmal vorab analysierte Problemstellung der Struktur-, Prozess- und Ergebnisqualitäten des Projektes „Stadtteil in der Schule" hin ausgerichtet, auf das der Interviewer immer wieder zurückkommt und es im Verlauf der Erhebung auch aufgrund der Interviewbeiträge variiert, ohne allerdings die Gespräche einzugrenzen oder Erzählstränge abzukürzen, denn die Interviewten sollen frei antworten und ihre subjektive Perspektive offen legen können (Mayring 2016).

| Strukturqualität | Wie sehen die Strukturen und Handlungsabläufe aus? |
|---|---|
| Prozessqualität | Wie verlaufen die Prozesse? |
| Ergebnisqualität | Welche Ergebnisse werden erzielt? |

## Ablauf der Experteninterviews:

Bei problemzentrierten Interviews werden Personen befragt und zum Erzählen animiert. Dabei kann man sich sehr detailliert auf subjektive Erzählstrukturen einlassen.

## 1. Briefing

Modalitäten des Interviews werden mit den Befragten vorab geklärt:

- wer die Evaluation veranlasst hat und warum sie einen Sinn erfüllt;
- um was es thematisch bei dem Interview geht: Struktur-, Prozess- und Ergebnisqualitäten des Projektes „Stadtteil in der Schule" aus Sicht des Interviewten;
- für welchen Zweck und mit welchem Ziel der Interviewer spricht;
- wie das Interview ablaufen wird: Zeit, Dauer, Aufnahmeweise;
- was mit den aufgenommenen und später transkribierten Informationen geschieht (Erlaubnis, Mitschnitte);
- Möglichkeiten für die Interviewten zu freien Rückfragen;
- Aufforderung, möglichst frei und offen zu antworten, ohne Rücksicht auf normative Muster.

## 2. Thema festlegen

Aus Sicht des Forschers wird Impulsgebend vorgeschlagen, die Struktur-, Prozess- und Ergebnisqualitäten des Projektes „Stadtteil in der Schule" thematisch zu bearbeiten, woraufhin die Befragten dann selbst für die einsteigende Erzählphase das Thema bestimmen können, welches aus ihrer Sicht besonders relevant erscheint.

## 3. Erzählphase

Befragte erzählen in den ersten Minuten frei über „Stadtteil in der Schule". Der Interviewer gibt zunächst nur aufmunternde Kommentare und Sondierungsfragen, wie allgemein gehaltene Einstiegsfragen: Was war für Sie besonders bedeutsam im Projekt „Stadtteil in der Schule"? Ist das Thema, das Sie gerade detailliert geschildert haben, für Sie wichtig, welche subjektive Bedeutung besitzt es? Sind Veränderungen eingetreten, wie bewerten Sie diese etc.

## 4. Nachfragephase

Hier besteht die Möglichkeit für den Interviewer, wie auch für die Befragten, Unklarheiten zu thematisieren, Widersprüche zu klären, Verständnisfragen noch einmal aufzugreifen, Nachfragen gemäß Interviewleitfäden zu formulieren aber auch Raum für Themen zu geben, die noch nicht durch die Interviewleitfäden angesprochen wurden.

Die Interviewleitfäden werden individuell erarbeitet und den einzelnen Dimensionen (Struktur-, Prozess-, Ergebnisqualität des Projektes) zugeordnet.

## 5. Abschlussphase

In der Abschlussphase des Interviews wird das Gesagte bilanziert, eine Schlusseinschätzung formuliert, vielleicht kommt es hier noch einmal zu Ergänzungen, Ausblicken oder Anregungen für die Zukunft.

## 4.3    Auswertung der problemzentrierten Interviews

Dritte Personen, in diesem Fall Herr Ludger Kolhoff, evaluieren das Projekt, mit dem Ziel, durch eine Außenbetrachtung eine größere Neutralität zu sichern. Die Kategorienbildung und Evaluationsthesen, die sich aus den qualitativen, Leitfragen geleiteten Interviews mit der Explikationsmethode ableiten ließen, werden in Kapitel 4.4 vorgestellt.

### 4.3.1    Datenauswertung

Die Datenauswertung geschieht mit Mitteln der qualitativen zusammenfassenden Inhaltsanalyse. Die Inhaltsanalyse ist eine systematische theoriegeleitete Vorgehensweise, die anhand von festgelegten Regeln funktioniert. Dabei werden die Grundformen des Interpretierens (Mayring 2015, S. 58) eingehalten.

### 4.3.2 Transkription

Die durchgeführten Interviews und Gruppendiskussionen werden aufgenommen und transkribiert, d. h. verschriftlicht. Das Transkript erfolgt als literarische Umschrift (Paraphrasierung) (Mayring 2016, S. 91). Es wird eine vollständige Textfassung des verbal erhobenen Materials erstellt. Diese Methode ist zwar aufwändig, aber notwendig, denn die Wortprotokolle ermöglichen, den Kontext des Geäußerten wahrzunehmen und nicht nur isolierte Äußerungen für eine ausführliche interpretative Auswertung heranzuziehen. Letzteres führt oftmals zu einer Interpretationslyrik des Forschers, was in dieser Evaluation vermieden werden soll.

### 4.3.3 Zusammenfassung/Reduktion

Es geht darum, das Material der Transkriptionen und Beobachtungen so zu reduzieren, dass die wesentlichen Inhalte erhalten bleiben und durch Abstraktion ein überschaubarer Informationskorpus geschaffen wird, der immer noch ein Abbild des Grundmaterials darstellt und lediglich selektiert, aber noch nicht interpretiert (Mayring 2010, S. 58). Einzelne Einheiten werden integriert und gebündelt und solche Passagen werden ausgelassen, welche im allgemeinen Kontext schon enthalten sind (2016).

### 4.3.4 Strukturierung

Die zusammengefassten und abstrahierten Inhaltsanalysen werden jetzt noch weiter generalisiert. Es erfolgt eine Reduktion durch Selektion und Streichungen, d. h. es werden Deutungseinheiten weglassen, die bereits vorgekommen sind, anschließend werden ähnliche oder zusammenhängende Bedeutungseinheiten gebündelt, integriert und umfassende Sinneinheiten konstruiert, um das Abstraktionsniveau für die Evaluation zu erhöhen (Mayring 2010, S. 38ff.).

> „Ziel der Analyse ist es, bestimmte Aspekte aus dem Material herauszufiltern, unter vorher festgelegten Ordnungskriterien einen Querschnitt durch das Material zu legen oder das Material aufgrund bestimmter Kriterien einzuschätzen" (Mayring 2010, S. 58).

Die Zusammenstellung der verdichteten Aussagen mit zusammenhängenden Bedeutungseinheiten aus den verschiedenen Interviews bildet die Grundlage für die sich anschließende Kategorienbildung.

### 4.3.5 Kategorienbildung

Zur Auswertung des Materials wird eine induktive Kategoriendefinition erstellt. Diese Art der Kategorienbildung ermöglicht eine naturalistische Gegenstandsabbildung des Materials und entspricht den Charakteristiken einer zusammenfassenden qualitativen Inhaltsanalyse (Mayring 2010, S. 74).

Es erfolgt eine empirische Klassifizierung, das heißt, das Kategoriensystem wird aus dem Material heraus entwickelt und dann in den theoretischen Zusammenhang eingeordnet.

Kategorien stellen Verallgemeinerungen dar, hervorgegangen aus konkreten empirischen Tatbeständen und sind somit theoretische Aussagen.

### 4.3.6 Gütekriterien der Datenauswertung

Das Verfahren ist bis ins Detail dokumentiert, um den Forschungsprozess nachvollziehbar zu gestalten. Dies betrifft Analyseinstrumentarien, Durchführung und Auswertung der Datenerhebung. Die Methoden der Interpretation sind argumentativ sozialwissenschaftlich begründet. Die Inhaltsanalysen erfolgen systematisch.

### 4.4 Evaluationskategorien

Die aus den zusammengefassten und mit der Explikations- und Strukturierungsmethode gebildeten Evaluationskategorien sind verortet zwischen:

- der sozialwissenschaftlich theoriegeleiteten Forschung aus dem Jahr 2013 (Kolhoff und Gebhard 2016), aus denen sich die Rahmen- und Ergebnisziele von „Stadtteil in der Schule" ergeben haben,
- den problemzentrierten Interviewleitfäden, deren Problemkriterien sich aus den Prozessevaluation der Jahre 2014–2016 (ebenfalls orientiert an den Rahmen- und Ergebniszielen) herauskristallisiert haben.

Die Evaluationskategorien werden nach den Ebenen für die Stichprobe der Evaluation zusammengestellt.

## 4.4.1 Evaluationskategorien der internen Stakeholder

### 4.4.1.1 Evaluationskategorien der Schulleitungen

Die vorliegende Kategorienbildung ergibt sich aus den geführten problemzentrierten Experteninterviews mit:

- Herrn G., Schulleiter der Grundschule Altmühlstraße
- Frau J., Schulleiterin der Grundschule Rheinring
- Frau Si., Schulleiterin der Grundschule Bebelhof

Die Kategorien sind jeweils in Fettdruck hervorgehoben. Die interpretierenden Texte stellen Bedeutungs- und Interpretationszusammenhänge aus den Transkripten dar.

Die materielle **Ausstattung** wird als **gut** bewertet (Si., J.), während die räumlichen Ressourcen begrenzt sind (Si., J., G.). *„Da könnte man sicherlich noch einiges mehr möglich machen, wenn wir mehr Räume zur Verfügung hätten" (Si.). „(...) die Ausstattung ist gut, wir als Schule sind knapp mit Räumen (...) (J.)".* „Stadtteil in der Schule" ist **strukturell in den Schulen verankert** (Si., G.). Schulleitungen und Kolleginnen aus dem Vor- und Nachmittagsbereich werden **beraten und unterstützt** (J., Si.). Die Projektmitarbeiterinnen entlasten die Schulleitungen, nehmen an Dienstbesprechungen und Konferenzen teil, bauen die Angebote am Nachmittag weiter aus (Si., G.), unterstützen Lehrkräfte und die Mitarbeiter der Nachmittagsbetreuung und stärken somit die Zusammenarbeit von Vormittags- und Nachmittagsbereich (Si., G.). „Stadtteil in der Schule" ist zu einem **selbstverständlichen Bestandteil der Schule** geworden (Si.).

Die **Qualifikation** der Projektmitarbeiterinnen wird als **gut** bewertet. Sie zeichnen sich durch eine hohe Bereitschaft zur Kooperation und zur Kommunikation aus (Si.) haben sich erfolgreich in den Stadtteilen etabliert und werden anerkannt (G.). Hervorgehoben werden **Synergieeffekte** durch die **gleichzeitige Tätigkeit als Schulsozialarbeiterinnen** der Mitarbeiterinnen S. und P. an den Standorten Bebelhof und Rheinring. Durch die gleichzeitige Tätigkeit als Schulsozialarbeiterin ergeben sich Kontakte zu den Eltern (Si.). *„Und sie kennt eben auch diesen ganzen Schulbetrieb .... Ich stelle mir vor, jemand der hier ganz neu anfängt, der muss erst mal dieses System kennenlernen, bevor er oder sie damit überhaupt nach außen gehen kann" (Si.). „(...), dass Frau P. schon länger hier ihren Sitz hat, sodass sie auch* *auf Bekanntes zurückgreifen konnte. Das war natürlich, jetzt für meine Beurteilung, ein besonders günstiger Fall"* (J.).

Aber auch Synergieeffekte durch die **Tätigkeit** von Frau R. **an zwei benachbarten Schulen** werden positiv hervorgehoben. *„Ganz besonders günstig war natürlich, dass Frau R. an zwei Schulen war und auch gleich, oft auch für zwei Schulen gleichzeitig was organisieren konnte"* (J.).

Die Projektmitarbeiterinnen fungieren als **Bindeglied zwischen den Schulen und den Stadtteilen.** Sie sind Ansprechpartnerinnen in den Schulen und Stadtteilen und Vermittlerinnen zwischen Schulen und Stadtteilen. Sie können durch Gesprächskontakte **Maßnahmen und Projekte in Gang bringen** und **entlasten die Mitarbeiterinnen in der Schule** (von der Schulleitung über die Lehrerinnen bis zu den Mitarbeiterinnen der Nachmittagsbetreuung) (G., J.). Die Projektmitarbeiterinnen haben ihre Sozialraumspezifischen Kenntnisse in die Schule eingebracht. (Si., J.). Der Austausch ist offen und transparent. Es entwickelte sich ein Beziehungsgeflecht und ein **Wir-Gefühl** (J.). Die Projektmitarbeiterinnen haben die **Schulen in Gremien** vertreten (J., G.) und Verknüpfungen hergestellt. Die entsprechenden strukturellen Rahmenbedingungen wurden von den Projektmitarbeiterinnen selbst geschaffen (Si.).

Eine **Projektsteuerung** wird nicht wahrgenommen (Si., G.). Sie wird einerseits als *„nicht nötig"* (G.) bewertet und gefragt *„Wenn sie überhaupt gar nicht zum Einsatz gekommen ist, braucht man das dann auch überhaupt?"* (Si.). Andererseits werden Absprachen und Rückmeldungen vermisst (Si.). *„Also alles was hier gelaufen ist, auf unserer Ebene, wo wir unsere formellen oder informellen Strukturen für uns geschaffen haben, aber alles, was dann so weiter nach oben ging, da weiß ich gar nicht, ob es welche gab. Ich hab ja auch keine Rückmeldung bekommen. Wir wissen bis heute nicht: wann endet das Projekt, geht's weiter? Das finde ich schon nicht so sehr befriedigend, das finde ich schon ein bisschen traurig"* (Si.).

**Struktur- und Prozessevaluationen** werden als hilfreich wahrgenommen *„das fand ich sehr gut, dass diese Bedarfsebenen abgefragt wurden, … Gut finde ich, dass das eben evaluiert wurde…"* (J.), doch werden Aufwand und Nutzen von Evaluationen im schulischen Alltag problematisiert *„(…) ich hab da manchmal so meine Bedenken (…) wenn ich letztlich meinen Kollegen sage: zum Unterrichten haben wir keine Zeit, wir evaluieren noch"* (Si.).

Es wurden **vielfältige Angebote und Projekte** auf den Weg gebracht und **gut angenommen** (Si.). Die **Eltern beteiligen sich am Schulleben** (Si.). Die **Akzeptanz der Ganztagsschule** *und das* **Vertrauen in die Institution** Schule ist gewachsen (J., G., Si.). „Über vermehrtes Kennenlernen ist ein vermehrtes Vertrauen gewachsen zu der Institution Schule und zu denjenigen, die an der Schule arbeiten" (J.). Ein Beispiel für wachsendes Vertrauen ist die Teilnahme an interreligiösen Festen. Die

Eltern sind einverstanden, dass ihre Kinder daran teilnehmen (J.). Es sind deutlich mehr Eltern aktiv (Si.). Die **Eltern wurden eingebunden**, z. B. bei der Vorbereitung eines gemeinsamen Frühstücks (G.) oder **durch konkrete Anlässe** wie Bundesjugendspiele, interreligiöse Feste, Stadtputztag etc. (J.). Den Eltern wird weithin z. B. beim Ausfüllen von Anträgen geholfen. *„(…) haben mir Syrer auch schon gesagt: ja in ihrer Schule, in unserer Community, da wissen wir, uns wird hier geholfen"* (J.). Diese **Angebote** fördern das Vertrauen und die Identifikation mit der Schule auch wenn die Zusammenarbeit noch ausbaufähig ist (G.). Zu beachten ist, dass Eltern Angebote dann wahrnehmen, wenn sie direkt betroffen sind (G.). Die Behandlung von für die Eltern relevanten Themen, verbessert die Elternarbeit und die Akzeptanz der Schule. Informationen werden angenommen, wenn eine Betroffenheit da ist (G.). Schulleitung und Kolleginnen profitieren, wenn die Eltern bereit sind mitzumachen (J.). Aber insbesondere die **Kinder profitieren von der Einbindung der Eltern** *„(…) wenn die Eltern (…) eine offenere Sicht auf die Schule haben, dann profitieren selbstverständlich die Kinder (…) dann fühlen sich die Kinder wohl, und dann können sie auch besser lernen"* (J.).

Der **Ruf** der Schulen hat sich **verbessert**, so dass bspw. an der Grundschule Bebelhof jetzt auch Kinder aus dem Bereich Zuckerberg sind (Si.).

Das Projekt führte zu schulinternen **Vernetzungen von Vormittags- und Nachmittagsbereich**. *„(…) hat ja dieses Projekt hier vor Ort, also in diesem Gebäude auch eine Vernetzung gebracht. Zum Vormittags- und Nachmittagsbereich"* (Si.). Interne Schwierigkeiten am Standort Altmühlstraße in der **Zusammenarbeit mit den Lehrkräften** konnten ausgeräumt werden, nachdem die Unterschiede zwischen der klassischen Schulsozialarbeit und der sozialraumorientierten Arbeit von „Stadtteil in der Schule" geklärt werden konnten (G.). Die **Lehrerinnen wurden** in Planungsprozesse mit **einbezogen** und fast alle Lehrerinnen sind z. B. am Standort Bebelhof in irgendeiner Form **beteiligt** (Si.). Am Standort Rheinring haben die LehrerInnen an einem interkulturellen Training teilgenommen. Sie stellen fest, dass etwas in Bewegung gekommen ist und initiieren z. B. interreligiöse Feste als konkreten Anlass um Eltern in die Schule zu holen (J.). Wichtig für die Einbindung der Lehrekräfte war, dass die Projekte ausgehend von Bedürfnissen der Schule geplant wurden (Si.). Durch „Stadtteil in der Schule" konnten **schulische Konzepte wirkungsvoll umgesetzt** werden (Si.). Projekte wie z. B. das Zentrum für integrative Lerntherapie und der Stadtgarten haben direkten Einfluss auf den Unterricht (Si.).

Durch das Projekt konnten die **Netzwerke der Schulen** erfolgreich aus- und enge Verbindungen zu Akteuren des Stadtteils aufgebaut werden (G.). So wurde z. B. am Standort Bebelhof der Kontakt zu den umliegenden Kindertagesstätten intensiviert. Mit zwei Kindertagesstätten wurden neue Kooperationsvereinbarungen abgeschlossen. Der Übergang zwischen Kitas und Schulen hat sich verbessert, aber auch der Übergang zu den weiterführenden Schulen wurde verbessert (Si.). Die Vernetzung mit Partnern außerhalb der Schule entwickelte sich sehr positiv. Die **Partner** bieten in der Schule Angebote an und **sind in der Schule präsent** (G.). Dies wäre wegen fehlender, vor allem zeitlicher Ressourcen ohne „Stadtteil in der Schule" nicht möglich gewesen (G.). Doch gibt es Grenzen, bspw. in der Kooperation mit dem ASD der Stadt Braunschweig oder der Hans-Würtz-Schule am Standort Bebelhof (Si.).

**Die Zielgruppen wurden erreicht** (G., Si.). Das **Verhalten von Lehrern und Kooperationspartnern hat sich verändert.** Die Kooperationspartner kommen vermehrt in die Schule. Die Lehrkräfte gehen zu den Kooperationspartnern (Si.). Insbesondere die **Eltern**, aber auch die **Kinder wurden erreicht** (Si., G.). Sie nehmen an einem gemeinsamen Frühstück teil und erhalten somit Zugang zu gesunder Ernährung (G., Si.) oder die Möglichkeit ein Musikinstrument zu erlernen und sich somit kulturell weiterzubilden (G.). Auch hat sich der Anteil der Kinder die schwimmen können, deutlich erhöht (Si.).

Durch „Stadtteil in der Schule" wurden **Netzwerkstrukturen stabilisiert, vorhandene Ressourcen intensiv genutzt** (G.) und **zusätzliche Ressourcen akquiriert** (Si.). Durch die Zusammenarbeit mit Instanzen aus dem Stadtteil konnte die Angebotsvielfalt erweitert werden (G.). Auch aus finanziellen Gründen ist es sinnvoll das Projekt weiter zu führen (Si.). *„Es wäre schade wenn das Projekt nicht weitergeführt würde. Es würden Kontakte zu den Sponsoren und in der Folge finanzielle Mittel wegbrechen"* (Si.).

### 4.4.1.2 Evaluationskategorien der Projektmitarbeiterinnen

Die vorliegende Kategorienbildung ergibt sich aus den geführten problemzentrierten Experteninterviews mit:

- Frau R., Mitarbeiterin an den Standorten Grundschule Altmühlstraße und Grundschule Rheinring
- Frau P., Mitarbeiterin am Standort Grundschule Rheinring
- Frau S., Mitarbeiterin am Standort Grundschule Bebelhof

Die Kategorien sind jeweils in Fettdruck hervorgehoben. Die interpretierenden Texte stellen Bedeutungs- und Interpretationszusammenhänge aus den Transkripten dar.

Die **materielle Ausstattung** wird als **gut** (S., R., P.) und die **räumlichen Kapazitäten** werden als **begrenzt** wahrgenommen (S., R.). Ergänzend wird ein möglichst **frei verfügbares Budget** (S., P.) gewünscht. *„Ich finde es immer schwierig, wenn ich drei Anträge stellen muss für eine kleine Sache, die ich gerne umgesetzt hätte."* (S.)

*„(…) wenn man nicht direkt mit einer Zielgruppe arbeitet, dann hat die Diakonie gute Arbeit geleistet oder auch die Stiftung, aber wenn ich jetzt direkt mit einer Zielgruppe auch arbeite, (…) braucht man halt doch schon ne Ausstattung (…) Also nur Netzwerk und Ehrenamt funktioniert so nicht, da muss halt eine eigene Ausstattung her."* (P.)

Das **Projekt ist personenabhängig** (S., P.). *„Ich kenne hier jeden namentlich. Infolgedessen; mich kennt auch jeder"* (S.). Kinder reagieren auf Personen und Aktivitäten. Sie wissen nicht was „Stadtteil in der Schule" ist. Sie nehmen die Aktivitäten mit den Sozialarbeiterinnen wahr und nicht die Strukturen in denen diese arbeiten. Sie unterscheiden auch nicht, wer Lehrer und Sozialarbeiter ist. (P.)

Eine **Projektsteuerung wird kaum wahrgenommen** (S.). *„(…) die war schwierig für mich wahrzunehmen. Schwierig insofern, dass ich sie zwischenzeitlich kaum wahrgenommen habe."* (S.)

Die **Evaluation wird insgesamt positiv bewertet** (P., R., S.). Sie führte dazu, dass alles gründlich abgearbeitet und in den Gremien und gegenüber Außenstehenden gut dargestellt werden konnte (S.). *„Insbesondere dieses ständige Befragen darüber: „Was ist bisher erfolgt, wie ist es erfolgt, wie kannst du es nachweisen". Das fand ich für mich sehr gut. Weil: Das hat dazu geführt, dass ich einfach ganz gründlich alles abgearbeitet habe. (…) Ich kann es jetzt auch im Kollegium anders darstellen. Ich kann es in den Gesamtkonferenzen gut darstellen"* (S.). Die Ziele aus der Planungsphase dienten als Orientierung für die Durchführung (R., P.), doch das Festhalten an Zielen machte die Umsetzung teilweise auch etwas starr (R.). *„Wobei ich dieses Festhalten an den Zielen einmal ganz angenehm fand, man konnte sich langhangeln, auf der anderen Seite (…) Ich hatte das Gefühl sie wären ein bisschen starr".* (R.) Die Zielerreichung entwickelte sich positiv (R., P.). *„Man merkt, man sieht den Fortschritt"* (R.).

Hervorgehoben werden **Synergieffekte durch die gleichzeitige Tätigkeit als Schulsozialarbeiterin** (S., P.), die einen besseren Zugang zu Eltern, Kinder und Lehrkräften ermöglichen. *„Also ich glaube, dass diese Doppelfunktion Schulsozialarbeit – „Stadtteil in der Schule" eine super sinnvolle Ergänzung ist, weil ich zum Beispiel als Schulsozialarbeiterin ganz nah an den Familien (…) ganz nah an den Kindern dran bin"* (P.). *„(…) Ich habe für mich einen schnellen Zugang zu Eltern. (…) Ich kenne hier alle Eltern namentlich."* (S.), doch wird eine **Tätigkeit bei zwei Anstellungsträgern** kritisch gesehen. *„Ich muss beiden Trägern gerecht werden"* (P.). Angemerkt wird auch, dass die Umsetzung des Projektes sich am Standort Rheinring durch den langfristigen Ausfall der vorgesehenen Sozialarbeiterin stark verzögerte (R.).

**Das Projekt ist an den drei Schulen gut eingebunden.** Die Akzeptanz ist hoch. Das Verhältnis zu den Schulleitungen, Lehrkräften und Mitarbeiterinnen im Nachmittagsbereich ist gut (S., P., R.). Es kommen konkrete Anfragen. *„(…),* dass tatsächlich Lehrkräfte auf mich zukommen und sagen: „Mensch, wir hätten gerne nochmal dies oder das. Ist das möglich"? (S.). Die **Beteiligung der Lehrkräfte gestaltet sich** besonders dann **gut, wenn sie direkt angesprochen werden.** Allgemeinere Anfragen werden in der Regel nicht wahrgenommen oder weiterverfolgt (P., R.) „Also, wenn ich gezielt zu einer Person hingehe (…) dann kriege ich sicherlich den Zuspruch." (P.). Personalwechsel im Lehrerkollegium hemmen die Zusammenarbeit, da die Informationen nur bedingt weitergegeben werden (P., R.), doch kann das Projekt im Rahmen von Dienstbesprechungen und Konferenzen immer wieder vorgestellt werden (S.).

Eltern, Lehrkräften sowie Partner im Stadtteil wurden erreicht. „Stadtteil in der Schule" wird auf Elternveranstaltungen vorgestellt. Eltern mit Unterstützungsbedarf werden gezielt angesprochen (P., R.). **Bei der Angebotsplanung sind die Interessen der Eltern zu berücksichtigen.** Erfolgreiche Angebote setzen an den Interessen der Zielgruppen an. Angebote die nicht den Interessen der Eltern entsprachen, wie z. B. eine geplante Elternuni, wurden nicht angenommen (S.). Die Projektmitarbeiterin hat daraus gelernt, sich den Eltern nicht aufzudrängen. Gut funktionieren Elternberatungen am ersten Schultag der Kinder und themenorientierte Elternabende und Gemeinschaftsereignisse. „Also dieses Fußballspielen ist perfekt; danach habe ich einen ganz anderen Elterndraht" (S.).

Das **Vertrauensverhältnis zwischen Lehrern und Eltern hat sich verbessert** (S.). Die Eltern wissen genauer was sie machen müssen (S.). Das Projekt nimmt Außenstehenden und Lehrern Ängste und hilft den Eltern das System Schule zu verstehen. „Es nimmt Ängste der Außenstehenden, Ängste auf Seiten aber auch der Lehrer. Die sind sehr viel bereiter sich mit Eltern zu treffen und auseinanderzusetzen. (…) Und es hilft den vielen unterschiedlichen Eltern besser zu verstehen; wie tickt eigentlich das System Schule, und wie kann ich mich vielleicht sinnvoll für meine Kinder noch einsetzen" (S.). Es wurden **Kurse für Eltern und Lehrer angeboten, die ihre vorhandenen Kompetenzen gestärkt und weiterentwickelt haben.** „Es gibt Eltern, die haben an einem Kurs teilgenommen ,Erste Hilfe am Kind'" (R.). „Da fällt mir auch der Kurs ein „Interkulturelle Kommunikation" (…) die Hälfte des Kollegiums hat schon teilgenommen (…) Da ist zum Beispiel ne große Wirkung, dass viele Lehrer Familien mit anderen Augen sehen" (P.).

Auch die **Einbindung der Schulen in die jeweiligen Sozialräume wird positiv bewertet.** Die Schulen sind intensiv mit den Institutionen der Sozialräume vernetzt. Dies hat konkrete Auswirkungen auf Eltern und Kinder (S.).

Die Projektmitarbeiterinnen koordinieren und vertreten die Position der Schule im Stadtteil und in den Gremien wodurch die Zusammenarbeit mit den Akteuren im Stadtteil erleichtert wird (R., P.). Die **Schulen können** durch „Stadtteil in der Schule" **auf Anfragen** von außen **reagieren und zusätzliche Ressourcen akquirieren**

(R., P.). Die **Projektmitarbeiterinnen sind** zu **Schlüsselpersonen im Sozialraum** geworden und die ersten Ansprechpartner für viele Akteure. *„Es kommen einfach viele auch direkt und wenden sich erst mal an mich"* (S.). Die Sozialarbeiterinnen können auf die Ressourcen der Träger und der Netzwerkpartner zurückgreifen (R., P.). Ehrenamtliche melden sich, so dass sie z. B. für Lesepausen eingeteilt werden können (S.). *„Es gibt einige Ehrenamtliche aus dem Viertel, die sich bei mir melden und fragen: „Gibt's nicht was, was wir in der Schule machen können?" … Das ist ein Effekt, der war vorher nicht da"* (S.).

Die **Kooperationen mit Kitas und weiterführenden Schulen sind gut**, allerdings ist am Standort Bebelhof die Akzeptanz bei weiterführenden Schule geringer als gedacht, während sich der Kontakt zur Hans-Würtz Schule, die sich im gleichen Gebäude befindet wie die Grundschule Bebelhof, verbessert hat. In einem gemeinsamen Projekt wird eine Garage renoviert und gemeinsam genutzt (S.). Besonders hervorgehoben werden die Verbindungen und Kooperationen zwischen den Schulen, den Familienzentren (R., P.) und Jugendzentren (S.)

Es gibt Erfolge aber auch Hemmnisse. Erfolge in der Kooperation mit den verschiedenen Akteuren des Stadtteils (R., P.). So sind **Projekte** wie der Stadtgarten am Standort Bebelhof **erfolgreich**, die **den Interessen der Zielgruppen entsprechen** und neue Erfahrungsfelder bieten (S.).

**Hemmnisse** werden in der **Elternarbeit** und im Bereich „**Lehrermitarbeit**" (R., P.) gesehen, aber auch wenn **Aufträge von außen** kommen (S.).

Durch „Stadtteil in der Schule" konnten **Ressourcen intensiver genutzt und neue Ressourcen akquiriert werden** (S., R., P.).

### 4.4.1.3 Evaluationskategorien der Mitarbeiterinnen des „Nachmittagsbereichs"

Die vorliegende Kategorienbildung ergibt sich aus den geführten problemzentrierten Experteninterviews mit:

- Frau K., Koordinatorin, Nachmittagsbetreuung in der Grundschule Altmühlstraße
- Frau Sch., Pädagogische Leitung, Nachmittagsbetreuung in der Grundschule Rheinring

Die Kategorien sind jeweils in Fettdruck hervorgehoben. Die interpretierenden Texte stellen Bedeutungs- und Interpretationszusammenhänge aus den Transkripten dar.

„Stadtteil in der Schule" führte zu einer Öffnung der Schule nach Außen und einer **intensiveren Nutzung der schulischen Räumlichkeiten** (K.). Zwar hatten die Mitarbeiter im Nachmittagsbereich am Standort der Grundschule Rheinring wenig Berührungspunkte mit dem Projekt, doch sind sie am Elterncafé beteiligt (Sch.). *„(…) Unsere Dienstzeit beginnt erst um 13:00 Uhr. (…) wo wir auch dran beteiligt waren, war das Elterncafé"* (Sch.).

Die Bedeutung der **Vernetzung im Stadtteil** wird betont, **um** insbesondere **Eltern zu erreichen** (Sch.). *„(…) absolut wichtig, um die Eltern auch zu erreichen" (Sch.).* Der **Austausch und Kontakt mit den Eltern wurde verstärkt** (K., Sch.) *„(…) man hat so einen ganz anderen Kontakt. Durch das gesunde Frühstück sowie"* (K.). *„(…), dass diese Sachen angeboten werden, die Eltern mehr mit einbezogen werden. Das ist das, was spürbar ist"* (Sch.). Die **Eltern sind bereit, sich zu engagieren** (Sch.) und **arbeiten an Lösungsfindungen mit** (K.).

Hingewiesen wird auf ein **größeres Kursangebot für Kinder und Eltern** (K., Sch.), **das diese dankbar annehmen** (Sch.). *„(…) wichtig, dass diese Vernetzung stattfindet (…), dass Kinder, wie auch Eltern sehr dankbar sind für die Aktionen, die gestartet werden. Also ich merke es jetzt in meiner täglichen Arbeit mit diesen Kindern hier. Das ist nicht überall in Braunschweig so. Die sind also für Kleinigkeiten sehr dankbar"* (Sch.).

Die **Mitarbeiterinnen von „Stadtteil in der Schule"** informieren *„(…) da kriege ich halt auch immer ganz viel Informationen, so was grad los ist, wo noch Hilfe, Projekte vielleicht entstehen. Wo man sich vielleicht noch mal einbringen kann"* (K.) und **stärken die Zusammenarbeit mit Kooperationspartnern wie z. B. Kleingartenvereinen und Ehrenamtlichen** (K.). *„Hab da sicherlich auch schon meine Vorteile rausgezogen, vor allem hier durch diese Stadtteil-Senioren (…) die ja alle zwei Wochen ehrenamtlich dieses Haus der Talente anbieten"* (K.).

„Stadtteil in der Schule" führte zu einer **verbesserten Kommunikation an den Schulen** und einer **besseren Zusammenarbeit von Eltern, Lehrkräften und Mitarbeitern des Nachmittagsbereiches** (Sch., K.) und sollte weitergeführt werden (Sch.). *„Ich würde sagen, das sollte unbedingt weitergeführt werden, weil, wenn (…) die Eltern Interesse zeigen, die Kinder Interesse zeigen, alle Beteiligten Interesse zeigen, dann sollte das auf jeden Fall weitergeführt werden"* (Sch.), doch sollte **in Zukunft sichtbarer werden, was passiert** (Sch.).

### 4.4.1.4 Evaluationskategorien der Vertreterinnen der Eltern

Die vorliegende Kategorienbildung ergibt sich aus dem geführten problemzentrierten Experteninterviews mit Frau Ka., engagierte Mutter in der Grundschule Altmühlstraße und dem E-mail Kontakt mit Frau D., Elternvertreterin und Mitglied im Elternverein der Grundschule Rheinring.

Die Elternvertreterin am Standort Rheinring kann nur wenig zu „Stadtteil in der Schule" sagen. Sie weist darauf hin, dass durch eine Mitarbeiterin von „Stadtteil in der Schule" ein Elterncafé ins Leben gerufen und Veranstaltungen zum Gebrauch von Medien initiiert wurden, wobei sie keine Angaben zur Resonanz machen kann (D.). **Unterstützt** wird sie **bei zwei eigenen Projekten.** *„Ich selber führe zwei Projekte im Jahr in der Schule durch. Zum einen das „Waffeln backen" in der Adventszeit und zum anderen den Schulputztag. Anfangs habe ich diese beiden Projekte allein durchgeführt und mittlerweile habe ich Unterstützung von Frau P. (Sozialarbeiterin an der Schule). Diese Zusammenarbeit funktioniert sehr gut"* (D.).

Am Standort Altmühlstraße ist die Mutter Frau Ka. aktiv am gesunden Frühstück beteiligt. Durch das Projekt hat sich das **Sozialverhalten und das Ernährungsbewusstsein der Kinder verbessert** (Ka.). *„Also mein Kind (...) hat (...) liebend gern Nutella gegessen. Seitdem sie in der Schule ist, weiß sie ganz genau, dass sie lieber Vollkornbrot haben möchte"* (Ka.). Frau Ka. weist auf den direkten Kontakt zwischen Eltern und Lehrern, den **Aufbau von vertrauensvollen Beziehungen** und positive Entwicklungen des Verhaltens ihres Kindes hin (Ka.). *„Man hat halt wirklich Beziehungen aufgebaut und das ist natürlich auch zu dem Kind übergegangen"* (Ka.). Dieser Kontakt ermöglicht eine zeitnahe und sofortige Klärung von Problemen (Ka.). *„Die warten natürlich nicht auf ein Elterngespräch oder so, sondern man spricht sich Ku. ab (...) und dann ist das Thema vom Tisch"* (Ka.). Weiterhin weist sie auf die **Stärkung der Kommunikation, des Zusammenhaltes und der Zusammenarbeit unter den Eltern aus verschiedenen Kulturkreisen, den Abbau von Berührungsängsten zwischen Eltern und Lehrern und eine Stärkung des Zusammenhalts zwischen den Kindern** hin (Ka.). Die Eltern nehmen am Schulleben teil. Ihre Mitwirkung wird wertgeschätzt (Ka.).

### 4.4.2   Evaluationskategorien der externen Stakeholder

Die vorliegende Kategorienbildung ergibt sich aus den geführten problemzentrierten Experteninterviews mit:

- Herrn L., Leiter der „Nachbarschaftstreffpunkte in der Weststadt"
- Frau Ku. und Herrn T. vom Jugendzentrum „Treffpunkt im Bebelhof"
- Frau N.-W. von der Initiative „Schenk mir eine Stunde"
- Frau Sie. und Herrn La. von der Initiative „Seniorpartner in Schools"
- Herrn Rö., „Bezirksbürgermeister der Weststadt"

Die Kategorien sind jeweils in Fettdruck hervorgehoben. Die interpretierenden Texte stellen Bedeutungs- und Interpretationszusammenhänge aus den zusammengefassten, explikativ bearbeiteten und strukturierten Transkripten dar.

Durch „Stadtteil in der Schule" sind die **Schulen** mehr **in die Stadtteile gerückt**, die **Zusammenarbeit mit den Akteuren des Stadtteils wurde gestärkt** (Rö., L.).

*„das Besondere an dem Projekt ist, dass die Schule wieder mehr in die Mitte des gesellschaftlichen Lebens gerückt wird und sich öffnet für Dinge aus dem Stadtteil (…), dass Schule mit ihren Räumlichkeiten, gerade in dem Nachmittag und Abendbereich als ein großes Potenzial für die Stadtteile (…) und das gesellschaftliche Leben wahrgenommen wird und sich auch in diese Richtung entwickelt"* (L.).

**Schulen und Stadtteilinitiativen profitieren gleichermaßen von Kooperationen.** So bietet die Grundschule Altmühlstraße bspw. Räumlichkeiten für die Nachbarschaftswerkstatt an und diese unterstützt im Gegenzug die Schule, indem Sie z. B. Hochbeete baut oder schuleigene Dinge repariert (L.). Auch konnten **Angebote im Nachmittagsbereich** initiiert werden (L.). *„(…) wir haben es geschafft ein Angebot im Nachmittagsbereich (…) zu installieren (…) Werkstatt für Fahrräder und (…) allgemein zum Holz hämmern"* (L.) und Senioren engagieren sich im Rahmen des Projektes „Haus der Talente" und führen Kinder an handwerkliche Aufgaben heran (L., Rö.). *„(…) haben wir eine Gruppe (…) Reparatur-Kaffee (…) und die treffen sich in der Schule in der Altmühlstraße (…) ohne diese Verbindung (…) wäre das wahrscheinlich so einfach gar nicht zustande gekommen"* (Rö.). Das Projekt steht für die Verbesserung der **Teilhabemöglichkeiten der Kinder** und dient als Vermittlungsplattform zu Freizeitaktivitäten im Stadtteil. **Eltern werden** auf finanzielle Unterstützungen hingewiesen und bei der Antragstellung **unterstützt** (Rö.).

Schule hat eine **Integrationsfunktion** und ist zu einem wichtigen Bestandteil des Lebens im Stadtteil geworden (Rö.). *„(…) erreicht hat es auf jeden Fall, dass Schule mehr ist als so ein Leistungszentrum, so ein Pflichtleistungszentrum sondern, dass Schule bestand wichtiger Bestandteil des Lebens in dem Stadtteil ist und wenn das von beiden Seiten klar ist; einmal dadurch, dass Stadtteil in die Schule kommt aber, dass es auch in der Schule stattfindet und mit der Schule auch nach außen geht, hat es, finde ich, eine ganz wichtige so Integrationsfunktion für einen, für die Menschen in einem Stadtteil"* (Rö.).

Während die klassische Schulsozialarbeit eine Reparaturfunktion hat, **verbindet** „Stadtteil in der Schule" **die Angebote des Stadtteils mit der Schule und ermöglicht einen anderen Blick auf Schule.** Durch die **gelingende schulische Integrationsarbeit** gibt es in der Braunschweiger Weststadt wenig Probleme. „Stadtteil in der Schule" **trägt hierzu bei** (Rö.). *„(…) ich sehe gerade in unserem Stadtteil mit dem sehr hohen Migrationsanteil (…) dass wir deshalb weniger Schwierigkeiten haben, weil hier die Integrationsarbeit in den Schulen eigentlich sehr gut gelingt. (…) Ich denke, dass (…) ‚Stadtteil in der Schule' (…) dazu beiträgt (…) ich bin eigentlich froh darüber, dass wir in der Weststadt trotz dieses hohen Anteils (…) mehr als 50 Prozent (…) mit relativ wenig Problemen (…) zu tun haben"* (Rö.). „Stadtteil in der Schule" *(…) ist (…) ein wichtiger Mosaikstein in dieser noch lange nicht vollendeten oder abgeschlossenen Entwicklung, dass (…) die Menschen, seien es die Eltern oder* *die Kinder (...) die hier im Stadtteil wohnen, begreifen. Irgendwo haben wir alle miteinander auch was zu tun"* (Rö.).

Kontakte zu den Eltern und zu Einrichtungen im Stadtteil sollten z. B. **im Rahmen des Programms „Soziale Stadt" weiter ausgebaut** werden (L.). *„(...) die „Soziale Stadt" ist ja vor allen Dingen deswegen eingerichtet worden, weil nirgendwo in Braunschweig die Werte was die Kinderarmut, Kindergesundheit, Kinderbildung betrifft (...) schlechter sind (...) Und wenn diese Schule die wesentliche Schule für viele dieser Kinder (...) ist, dann sollte sie (...), obwohl nicht im Sanierungsgebiet verortet, doch (...) eingebunden sein (...) die bisher aufgebauten Kontakte zu den Eltern und zu den anderen Einrichtungen im Stadtteil (...) sind auszubauen und sinnvoll weiterzuführen im Rahmen der ‚Sozialen Stadt'"* (L.).

Auch am Standort Bebelhof gibt es viele Kooperationen. So bietet z. B. das Jugendzentrum „Treff im Bebelhof" verschiedene Angebote in der Schule an (Pausenspaß, Lesepause etc.), wobei das Jugendzentrum nicht Dienstleister für die Schule sein, sondern eigenständige Angebote anbieten möchte. Gefordert wird, dass die **Schule auch in den Stadtteil gehen soll** (Ku., T.).

Die **Schule sollte sich weiter** öffnen *„in dem Sinne (...), dass auch Eltern begreifen, dass es mehr ihr Haus auch ist und nicht nur das Haus für die Kinder" (L.)* und eine aktive Elternarbeit betreiben (L.). *„(...) ich glaube (...) hier in dem Gebiet (...) ist es fast noch wichtiger die Eltern zu erreichen, als die Kinder. Weil große Defizite sind ja bei den Eltern, in Bezug auf (...) gesellschaftliche Zusammenhänge (...) Und auch was Bildung angeht (...) oder Möglichkeiten, die sie ihren Kindern bieten könnten"* (L.).

„Stadtteil in der Schule" schafft eine **Brücke zwischen Schule und Stadtteil** und **fördert** die **Teilnahme von Eltern und Kindern an Veranstaltungen im Stadtteil** (Rö.). „Stadtteil in der Schule" stellt **Verbindungen zu den schulischen Akteuren** her (L.). Die Projektmitarbeiterinnen gehen **aktiv auf Akteure im Stadtteil zu** und haben dadurch die Schule geöffnet (L.). Sie sind **direkte Ansprechpartnerinnen für Fragen rund um die Vernetzung mit der Schule** (Rö.). Die **Zusammenarbeit ist gut** (L.). *„zuverlässig, immer ansprechbar und auch immer bereit zu unterstützen"* (L.). *In der Weststadt* koordiniert eine Projektmitarbeiterin von „Stadtteil in der Schule" das **Netzwerkplenum** und „wirbt" bei Eltern und Kindern für Veranstaltungen im Stadtteil (L.).

Auch an der Grundschule Bebelhof ist die Projektmitarbeiterin eine **Schlüsselperson** im Stadtteil (N.-W.). So hat die Initiative „Schenk mir eine Stunde" über die Mitarbeiterin von „Stadtteil in der Schule" einen Kontakt zur Grundschule bekommen, so dass **zielgenau Sponsorengelder akquiriert und eingesetzt** werden konnten (N.-W.). *„(...) Ich habe die größten Erfolge mit dem Akquirieren von Spenden, wenn ich zweckbezogen dann auch das Einsetzen der Spenden garantiere. ‚Groschke' unterstützt Ernährung (...) United Kids Foundation". Die wollen Bewe-*

*gung und auch Nachhilfe / Bildung für Kinder fördern (...) die Bürgerstiftung; Die unterstützen den Bastelbereich (...) so garantiere ich den Sponsoren auch immer, dass ihre Gelder auch immer zweckgebunden (...) verwendet werden"* (N.-W.). „Schenk mir eine Stunde" akquiriert pro Jahr 4 000–12 000 € an Spendengeldern, die von „Stadtteil in der Schule" zielgerichtet eingesetzt werden (N.-W.). *„(...) um die wirklich in Verantwortung an die richtigen Stellen zu leiten, mit Klavierförderung, Gitarrenunterricht, und Ähnlichem, brauchen wir dringend einen Menschen, der diese Schlüsselposition hat"* (N.-W.). Begabte Kinder werden unterstützt (N.-W.) *„Kinder, (...) die vom Elternhaus nicht gefördert werden, aber die höher begabt sind. Auch die unterstützen wir mit Nachhilfe; (...) dadurch haben sie erstmalig die Chance, ein Gymnasium zu besuchen"* (N-W). Das **Angebot von „Schenk mir eine Stunde" konnte durch „Stadtteil in der Schule" stark ausgebaut werden** (N.-W.). Beispielsweise konnte das Projekt „fit und aktiv" initiiert werden, nachdem Frau S. die entsprechende Zielgruppe angesprochen hat. Es finden separate Schulungen für Kinder und Eltern statt (N.-W.). Diese und andere **Aktionen laufen nur, wenn sie entsprechend begleitet werden**, wie auch an Beispielen wie „Begabtenförderung" oder „Trauerbegleitung" deutlich wird (N.-W.). *„Also wir sind (...) unglaublich gewachsen in dieser Zeit mit unserem Angebot (...) ‚Trauerbegleitung', ‚Nachhilfe' (...) das sind ja viele Bereiche, die wir dann entwickelten konnten (...) Dann hier die Patenschaft (...) Dann ‚Fit und aktiv'; das ist die Ernährungsberatung und Kochschule. (...) Dann haben wir in den Ferien Freikarten verteilt, für ‚Stadtbad' und ‚Heidberg-bad' (...) Dann die Nachhilfe (...) Wer braucht Nachhilfe (...) Wer fällt (...) durchs Raster. Kann keine Nachhilfe bezahlen, aber braucht trotzdem Nachhilfe. Jetzt, seit Ende letzten Jahres, ist die „Begabtenförderung" noch dazu gekommen. Das ist ein hochkomplizierter und wahnsinnig aufwendiger Bereich, weil Frau S. immer mit den Lehrkräften auch Rücksprache halten muss. Wer ist aufgefallen, wer ist besonders begabt und hat die Förderung vom Elternhaus nicht? Dann noch ‚Hobbyförderung'. Auch sehr komplex, weil wir da Kontakt zu Vereinen aufgenommen haben (...) Und sehr aufwendig war auch der Bereich ‚Beistand', denn fast 10 % der Kinder der Schule sind schon Halbwaise. (...) Und was wirklich erstaunlich ist, wenn man jetzt sagt: ‚Ah, wir machen einmal in der Woche eine Trauergruppe' hört sich das so einfach an, aber im Detail liegt die Tücke. Also es fängt schon damit an, dass viele Kinder keinen christlichen Glauben haben, sondern Moslems sind. (...) Und dann unsere Kirche nicht betreten dürfen. Dann müssen wir Gespräche führen mit dem Iman (...) Dann haben die Elternteile, die verblieben sind, keine Zeit die Kinder hinzubringen und abzuholen. Dann haben wir einen Taxifahrer, der selber das Schicksal hatte, seine Frau verloren zu haben, gefunden, der kostenlos die Kinder abgeholt hat und gebracht hat. (...) Aber trotzdem muss natürlich die Einverständniserklärung der Eltern eingeholt werden. Da erkennt man an so einer Kleinigkeit, wie kompliziert* *das ist. (...) Das sind viele Kleinigkeiten, bei denen man am Anfang denkt: Ja, am Tag X kommt diese Trauerberaterin, dann läuft das schon. Aber es läuft gar nicht. Im Hintergrund sind dann viele Menschen, die dann da noch die Details glätten"* (N.-W.). Ohne „Stadtteil in der Schule" wäre „Schenk mir eine Stunde" nicht so stark gewachsen (N.-W.) *„Wir hätten gar keine Chance gehabt, es überhaupt so wachsen zu lassen"* (N.-W.).

Durch „Stadtteil in der Schule" werden die **Wohnbereiche Bebelhof und Zuckerbergweg besser miteinander verbunden** (N.-W.). *„Also der ‚Bebelhof' und der Wohnbereich ‚Zuckerbergweg' sind nur durch eine Straße getrennt, aber dennoch sind es Welten. Und durch dieses Projekt schaffen wir es, diese Welten miteinander zu verknüpfen" (N.-W.).* **Kinder** aus der Grundschule Bebelhof **und Ehrenamtliche** aus dem Wohnbereich Zuckerbergweg **wurden erreicht.** Bei den Ehrenamtlichen und Kindern ist jeweils die Hemmschwelle zum anderen Viertel gefallen (N.-W.). Es ist ein Geben und Nehmen, das beiden Seiten guttut (N.-W.). *„Zwei Zielgruppen sind aus meiner Sicht erreicht worden. Einmal die Zielgruppe: Alle Schüler der Grundschule Bebelhof. Und da muss ich ganz ehrlich sagen, unabhängig ihrer Herkunft, ihrer Religion, ihres Bildungsstandes (...) sind auch Menschen aus unserem Bereich, also Erwachsene (...) erreicht worden. (...) Also es ist ein Geben und Nehmen (...) Und das tut beiden Seiten so gut"* (N.-W.). Die Kinder aus der Grundschule Bebelhof erhalten neue Einblicke und verändern ihren Umgangston und ihr Verhalten (N.-W.). Für die Ehrenamtlichen aus dem Wohnbezirk Zuckerberg ist die Tätigkeit eine große Bereicherung (N.-W.). *„Ja, eine unglaubliche Freude. Eine Bereicherung durch diese Tätigkeit. Einfach eine sinnvolle Aufgabe; das muss man sicherlich sagen"* (N.-W.). Die **Zahl der Ehrenamtlichen hat kontinuierlich zugenommen** (N.-W.). *„Es sind immer mehr geworden. So gigantisch mehr an Menschen geworden, weil das wie ein Dominoeffekt sich entwickelt hat"* (N.-W.). Durch das Projekt wurde das **Potential von Menschen, die sich engagieren wollen genutzt** (N.-W.). Das **Projekt ist bekannt geworden** und mehrmals bei Radio Okerwelle vorgestellt worden (N.-W.) und es wird im Gemeinderundbrief des Stadtteils berichtet. Der Rundbrief wird im Stadtteil an alle Haushalte verteilt. Hierauf haben sich viele Ehrenamtliche und Sponsoren gemeldet (N.-W.). *„(...) etliche freiwillige Helfer gemeldet, die gefragt haben, ob sie mitmachen dürften. Oder auch gesagt haben: wir keine Zeit und wir können zeitlich nicht, aber wie lautet die Kontoverbindung; wir wollen das unterstützen"* (N.-W.).

Die durch „Stadtteil in der Schule" geschaffenen Rahmenbedingungen sind gut. *„Nur, würde die Stelle gekürzt werden (...) weiß ich nicht, ob unser Projekt weiterlaufen könnte"* (N.-W.).

**Wenn das Projekt „Stadtteil in der Schule" nicht fortgeführt wird, könnte „Schenk mir eine Stunde" in eine Sackgasse geraten** (N.-W.). *„(...) Weil ich wirklich ernsthafte Schwierigkeiten habe, dann diese Zielgruppen zu finden. Und* *wir haben beispielsweise ein Patenprojekt, in dem Kinder von Freiwilligen betreut werden, und Frau S. macht dann Treffen mit den Eltern, mit den Kindern, damit die sich kennenlernen. Das ist beispielsweise eine Tätigkeit, die kann man keiner Lehrkraft noch zusätzlich aufdrücken, oder der Direktorin. Das übersteigt einfach die zeitlichen Kapazitäten von jemandem (…) „Also ich muss sagen, das Projekt müsste dringend erhalten bleiben. Es dürfte in keiner Weise gekürzt, eher noch erweitert werden"* (N.-W.). Eine Vernetzungsstelle könnte nicht durch „Schenk mir eine Stunde" finanziert werden (N.-W.). *„(…) also ich krieg ja alles gesponsert. Vom Badeanzug über Badeschwimmtiere, über Ernährungsberatung, über alles. Aber wo ich Schwierigkeiten habe im Sponsoring, wäre es, so eine Stelle von einem Mitarbeiter zu sponsern, weil das gegen die Statuten vieler Spender spricht, Arbeitsplätze zu sponsern. Das kriege ich nicht hin"* (N.-W.).

# Wirkungskategorien

**5**

Ludger Kolhoff

In der folgenden Darstellung werden die Ergebnisse der Untersuchungen den Wirkungskategorien 1–3 zugeordnet.

Um Aussagen zur Wirkungskategorie1 „Zielerreichung" zu machen, werden die Auswertungen der Prozessevaluationen zu den Rahmenzielen an den drei Standorten unter dem Gesichtspunkt der Zielerreichung betrachtet.

Zur Vorstellung der Wirkungskategorie 2 „Erreichung der Zielgruppen" werden Auswertungen der Prozessevaluationen zu den entsprechenden Ergebniszielen zusammengefasst und ergänzend Evaluationskategorien, die aus den Experteninterviews entwickelt worden sind, hinzugezogen.

Die Aussagen zur Wirkungskategorie 3 „Strukturelle Auswirkungen" beruhen auf Auswertungen der Prozessevaluationen zu entsprechenden Ergebniszielen, den aus den Experteninterviews abgeleiteten Evaluationskategorien und der Aktualisierung der Strukturevaluation.

## 5.1 Wirkungskategorie 1 „Zielerreichung"

„Stadtteil in der Schule" ist hochwirksam, wie die Auswertungen der Prozessevaluationen gezeigt haben.

Der Grad der Zielerreichung ist kontinuierlich gestiegen, wie in Kapitel 3 gezeigt wurde. So konnte **am Standort Altmühlstraße** der Grad der Zielerreichung im Bereich des Rahmenziels 1: „Primärprävention insbesondere im Bereich Gesundheit, Ernährung und Sozialverhalten" auf 83 % gesteigert werden. Auch das Rahmenziel 2: „Elternarbeit verbessern" wird mittlerweile zu 51 % erreicht. Das Rahmenziel 3: „Vorhandene Ressourcen nutzen und ausbauen, um schulische Akteure zu entlasten" konnte sogar zu 100 % erfüllt werden, während das Rahmenziel 4: „Öffnung

© Springer Fachmedien Wiesbaden GmbH, ein Teil von Springer Nature 2018
L. Kolhoff (Hrsg.), *Sozialraumorientierte Schulsozialarbeit*,
https://doi.org/10.1007/978-3-658-20307-8_5

der Schule nach außen" zu 67 % und das Rahmenziel 5: „Netzwerkarbeit" zu 97 % erreicht wurde.

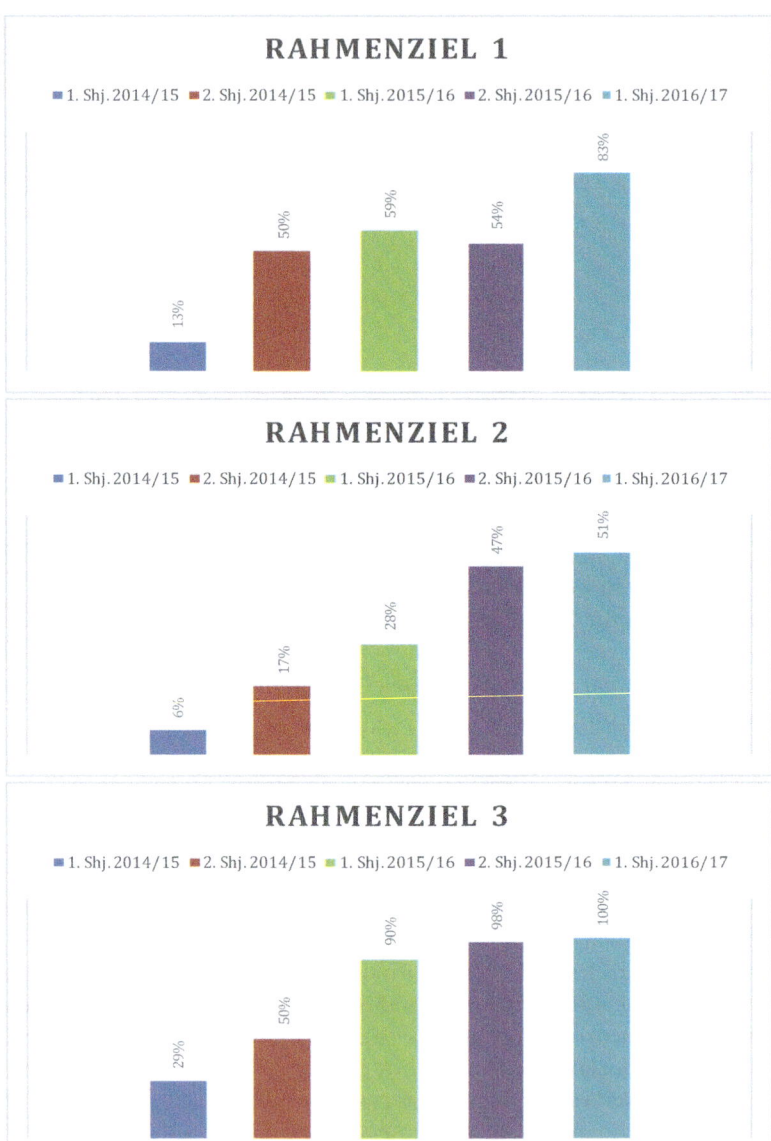

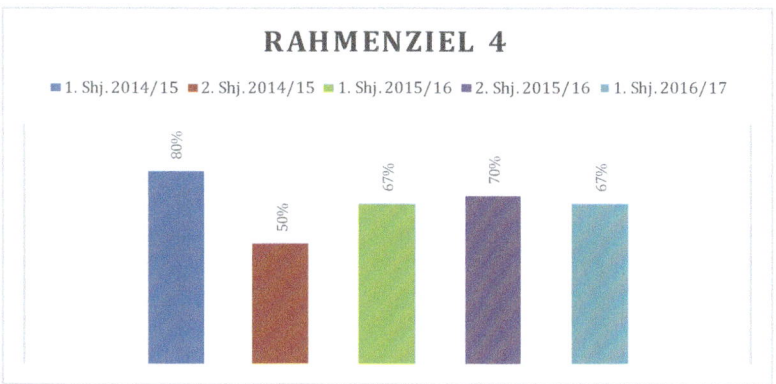

**Abb. 58** Entwicklung der Rahmenziele am Standort Altmühlstraße
© Tatjana Schmidt

Noch besser als am Standort Altmühlstraße sind die Ergebnisse am **Standort Bebelhof**. Dort wurde das Rahmenziel 1: „Kooperation mit Eltern verbessern" zu 95 % und das Rahmenziel 2: „Teilnahmemöglichkeiten von Kindern (in besonderen Lebenslagen) am Leben in der Gemeinschaft erhöhen" sogar zu 100 % erreicht. Das Rahmenziel 3: „Netzwerkarbeit (Grundschule als Koordinationszentrum, um vorhandene Kooperationen zu stärken und neue zu rekrutieren)" konnte zu 73 % erreicht und das Rahmenziel 4: „LehrerInnen in die Planung und Umsetzung des Projektes aufnehmen" zu 75 % erreicht werden.

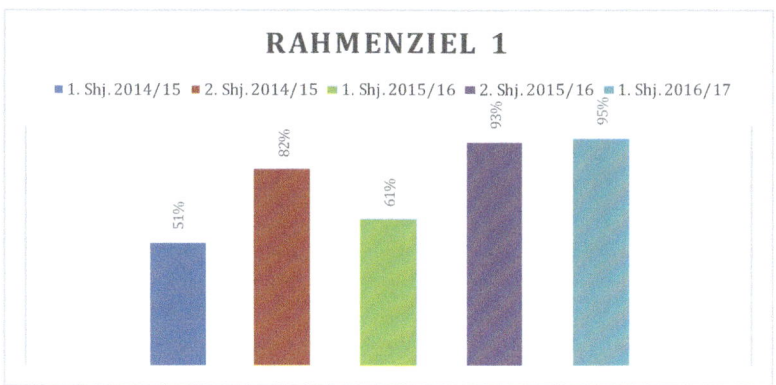

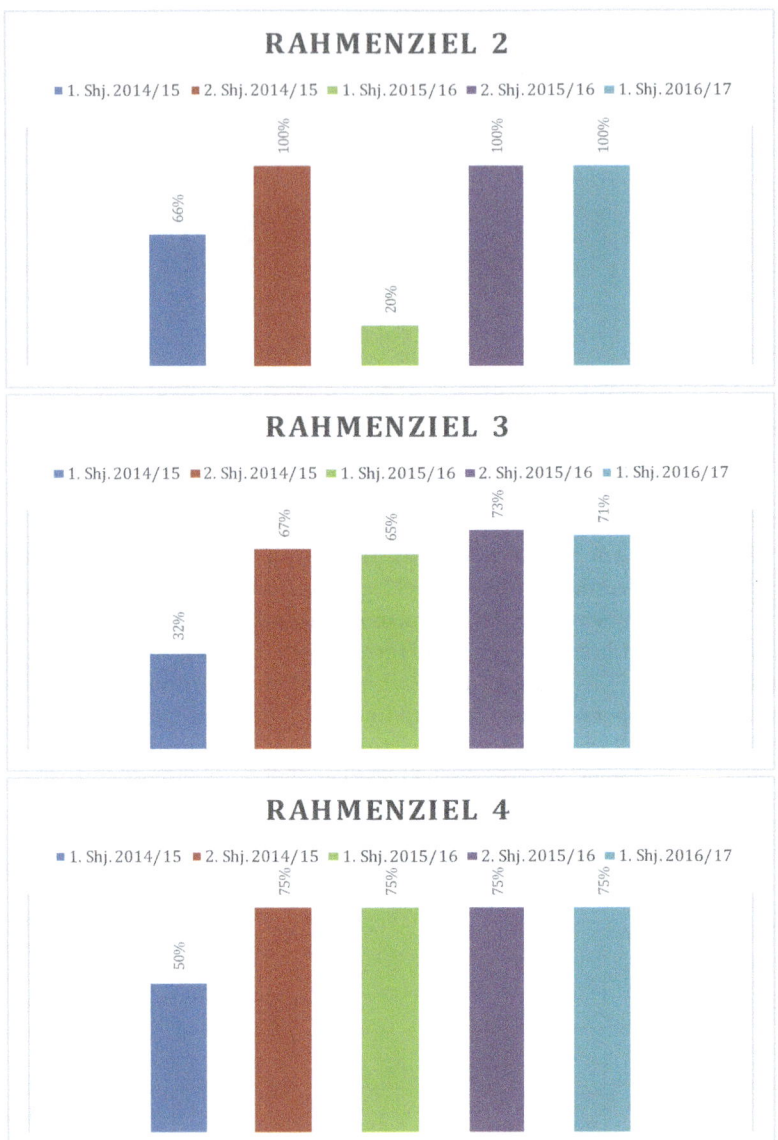

**Abb. 59** Entwicklung der Rahmenziele am Standort Bebelhof

© Tatjana Schmidt

Wie gezeigt wurde, war anfangs die Situation am **Standort Rheinring**, aufgrund des Ausfalls der ursprünglich vorgesehenen Mitarbeiterin, schwierig, doch auch am Standort Rheinring war „Stadtteil in der Schule" wirksam. So wurde das Rahmenziel 1: „Bewegung, Ernährung und Gesundheit" zu 72 % erreicht. Das Rahmenziel 2: „Elternarbeit intensivieren" konnte zu 81 % erfüllt werden, während es beim Rahmenziel 3: „Teilhabemöglichkeit am Leben in der Gemeinschaft trotz finanzieller Armut" einen Einbruch gab. Die Zielerreichung lag zuletzt bei 45 %. Die Zielerreichung des Rahmenziels 4: „Es sollen Beratungsangebote in die Schule geholt werden" konnte kontinuierlich verbessert werden und lag zuletzt bei 69 %. Gleiches gilt für das Rahmenziel 5: Netzwerkarbeit". Das Ziel wird mittlerweile zu 93 % erreicht. Noch besser ist die Bilanz beim Rahmenziel 6: „Akzeptanz gegenüber Einrichtungen der Ganztagsschule fördern" (Es wird zu 100 % erreicht.) und sehr gut auch beim Rahmenziel 7: „Ressourcenmanagement" (Es wird zu 92 % erreicht.).

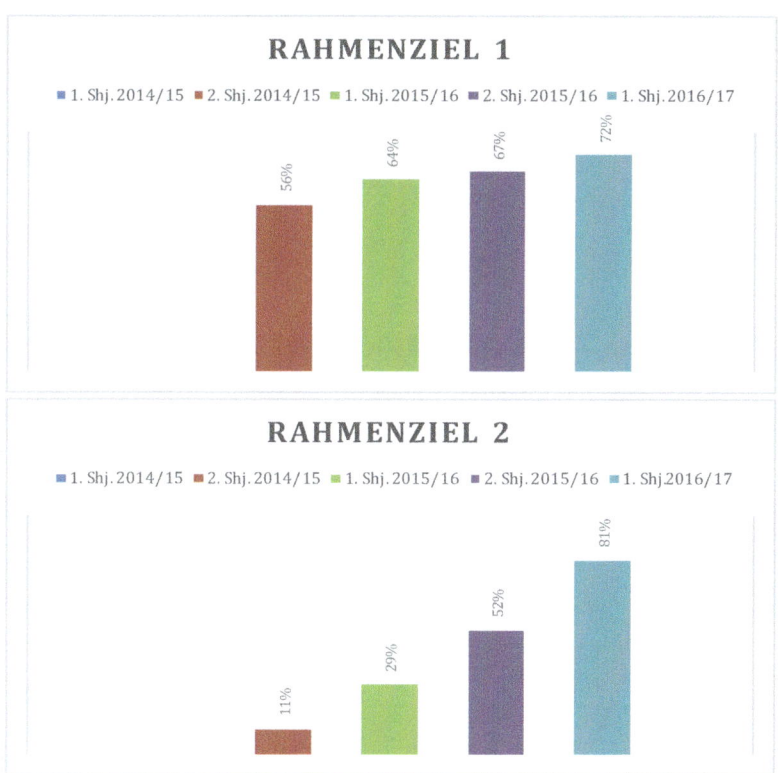

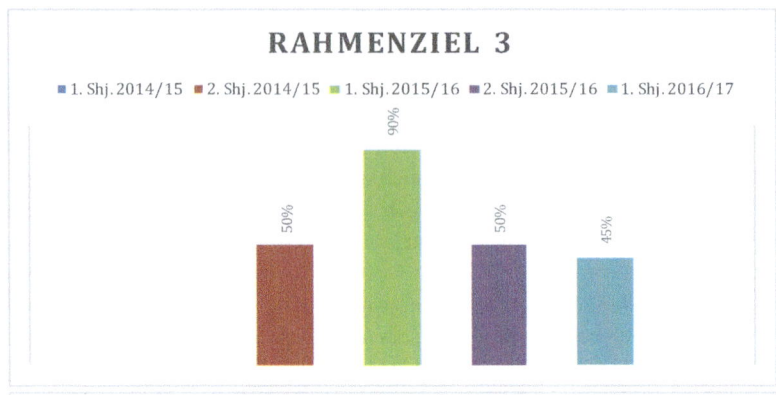

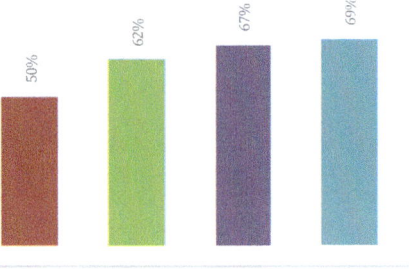

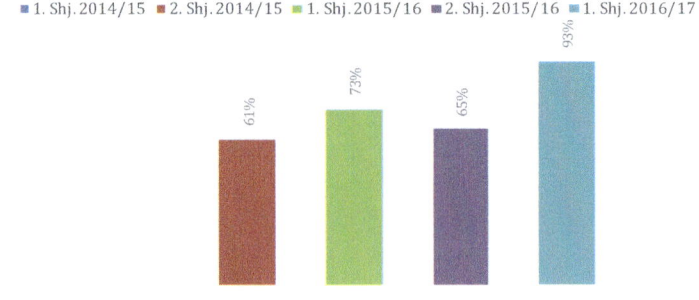

**Abb. 60** Entwicklung der Rahmenziele am Standort Rheinring
© Tatjana Schmidt

## 5.2 Wirkungskategorie 2 „Erreichung der Zielgruppen"

Die Auswertung der Prozessevaluationen und der Experteninterviews zeigt, dass das Projekt „Stadtteil in der Schule" auch bezüglich der Kategorie 2 hochwirksam ist.

## 5.2.1   Zielgruppe Kinder

Am Standort Altmühlstraße wird deutlich, dass das Ernährungsbewusstsein der Kinder und ihre Eigeninitiative bei der Ernährungszubereitung (EZ 1.3) gefördert werden konnte. Kontinuierlich helfen SchülerInnen bei dem gesunden Frühstück mit. Auch das soziale Verhalten der Schüler (EZ 1.4) konnte laut Aussagen der LehrerInnen verbessert werden. Am Standort Bebelhof konnten die Teilnahme-möglichkeiten von Kindern (RZ 2) durch eine Erhöhung von Freizeitangeboten verbessert werden (EZ 2.1) und am Standort Rheinring wurde zur Umsetzung des Rahmenziel 1: „Bewegung, Ernährung und Gesundheit" der Schultag durch Bewegung rhythmisiert (EZ 1.1). Es wurden Bewegungsangebote und Pausenspiele initiiert, Spielgeräte, angeschafft und Anspannungs- und Entspannungsphasen in den Unterricht eingebaut. Auch wurden konstant Workshops zu Bewegung und Gesundheit durch außerschulische Kooperationspartner angeboten (EZ 1.2) und das Ernährungsbewusstsein der Kinder (EZ 1.3) durch ein gesundes Frühstück verbessert, das seit dem 2. Schulhalbjahr 2014/15 von der Firma „Staake" gespendet wird. An der Erweiterung des Freizeit- und kulturellen Angebots (EZ 3.1) wird gearbeitet. Dazu zählen Maßnahmen wie ein Ausflug der ersten Klassen in die Stadtbibliothek.

Auch die Schulleitungen verweisen darauf, dass die Kinder erreicht wurden. Sie nehmen z. B. an einem gemeinsamen Frühstück teil und erhalten somit einen Zugang zu gesunder Ernährung (G., Si.). Auch hat sich z. B. der Anteil der Kinder die schwimmen können, deutlich erhöht worden (Si.).

Die Mitarbeiterinnen des „Nachmittagsbereichs" weisen auf ein größeres Kurs-angebot für Kinder hin (K., Sch.), das diese dankbar annehmen (Sch.).

Aus der Perspektive einer der befragten Mütter hat sich durch das Projekt das Sozialverhalten und Ernährungsbewusstsein der Kinder verbessert. Sie weist auf eine Stärkung des Zusammenhalts zwischen den Kindern und weitere positive Entwicklungen hin (Ka.).

Der Bezirksbürgermeister der Weststadt (Rö.) weist auf eine Verbesserung der Teilhabemöglichkeiten der Kinder hin.

## 5.2.2   Zielgruppe Eltern

Besonders im Fokus stehen bei „Stadtteil in der Schule" die Eltern, die am Standort Altmühlstraße erreicht und aktiviert werden konnten (EZ 2.1). Es sind zunehmend Eltern ehrenamtlich in der Schule tätig, beispielsweise beim „Schulfrühstück". Die Eltern sind insgesamt aktiver geworden. So hat sich die Teilnehmerzahl an

Elternabenden erhöht (EZ 2.5). Geplant sind Maßnahmen zur Stärkung der Elternkompetenz (EZ 2.6) oder ein internationaler Kochkurs und interkulturelle
Feste, um eine positive Sicht auf verschiedene kulturelle Elterngruppen (EZ 2.7)
zu fördern. Durch die enge Zusammenarbeit mit der Spielstube Hebbelstraße,
wurden Sinti- und Roma-Eltern verstärkt angesprochen (EZ 2.4) und es wurde
ein Konzept erstellt, um einen Kontakt zu „Problemfamilien" (EZ 2.3) herzustel-
len. Am „gesunden Frühstück" (EZ 4.3) beteiligen sich vermehrt Mütter aus dem
arabischen Raum. Am Standort Bebelhof wurden Eltern beraten und informiert,
um sie zu befähigen, die Gesundheit ihrer Kinder zu fördern und sie an Bildung
teilhaben zu lassen (EZ 1.1). Auch wurden Beratungsangebote zur Erhöhung der
Erziehungskompetenz in Anspruch genommen (EZ 1.2). In der Grundschule Bebelhof sind die Eltern aktiv in Schulgremien tätig (EZ 1.3). Sie werden informiert und
aktiviert (EZ 1.4). Am Standort Rheinring wurde die Elternarbeit intensiviert (RZ
2). Die Eltern erhielten zusätzliche Angebote (EZ 2.1) wie z. B. Infoveranstaltungen
zu Themen wie Mediennutzung und Computerspielen und nehmen an Festen oder
auch am Elterncafé teil, so dass die Identifikation mit der Schule (EZ 2.2) gesteigert
werden konnte. Die Kooperation mit engagierten Eltern (EZ 2.3) konnte stabilisiert
werden. Viele Eltern nehmen Hilfen (EZ 2.4) beim Ausfüllen von BuT-Anträgen
an, so dass die Teilnahme an Klassenfahrten verbessert werden konnte. Weiterhin
konnte die Erziehungskompetenz der Eltern (EZ 2.5) gestärkt werden. Angebote
zur Qualifizierung der Eltern und sozialen Beratung EZ 4.2) wie ein „Elterntalk"
oder Treffen im Rahmen des „Computerkurses" wurden in Anspruch genommen.
Das Elterncafé findet regelmäßig statt. Die Eltern werden informiert und beim
Ausfüllen von Anträgen unterstützt.

Auch in den Experteninterviews mit den Schulleitungen wird deutlich, dass die
Eltern erreicht wurden. Es sind deutlich mehr Eltern aktiv (Si.) und das Vertrauen
in die Schule ist gestiegen (J., G., Si.).

Die Projektmitarbeiterinnen verweisen darauf, dass Eltern mit Unterstützungsbedarf gezielt angesprochen werden (P., R.) und auf Synergieeffekte durch die
gleichzeitigen Tätigkeiten als Schulsozialarbeiterinnen (S., P.), der einen besseren
Zugang zu Eltern, Kinder und Lehrkräften ermöglicht. Für die Projektmitarbeiterinnen nimmt das Projekt Ängste und hilft den Eltern das System Schule zu
verstehen (R., P.).

Die Mitarbeiterinnen des Nachmittagsbereiches betonen die Vernetzung im Stadtteil, um Eltern zu erreichen und weisen darauf hin, dass der Austausch und Kontakt
mit den Eltern verstärkt und die Eltern mehr mit einbezogen wurden (K., Sch.).

Aus der Perspektive einer der befragten Mütter hat „Stadtteil in der Schule" zu
einer Stärkung der Kommunikation, des Zusammenhaltes und der Zusammenarbeit unter den Eltern beigetragen. Die Eltern nehmen am Schulleben teil. Ihre

Mitwirkung wird wertgeschätzt (Ka.). „Stadtteil in der Schule" hat zu einem Abbau von Berührungsängsten zwischen Eltern und Lehrern geführt (Ka.).

Auch externe Stakeholder weisen auf die Rolle von „Stadtteil in der Schule" bei der Unterstützung der Eltern hin. „Stadtteil in der Schule" hat eine Brückenfunktion und fördert die Teilnahme von Eltern und Kindern (L.).

### 5.2.3   Zielgruppe schulische MitarbeiterInnen

Neben den Kindern und Eltern wurden auch die MitarbeiterInnen der Schule angesprochen. Die Aktivierung der LehrerInnen (EZ 1.2) ist am Standort Alt-mühlstraße gelungen. Am Standort Bebelhof wurden sie regelmäßig, im Rahmen von Dienstbesprechungen, informiert (EZ 4.1) und aktiviert, sich ehrenamtlich im Projekt zu engagieren (EZ 4.2). In der Grundschule Rheinring werden die Lehrkräfte durch Zeitstifter unterstützt (EZ 7.5). Auch wurden kulturelle Hintergründe zu den Lebenswelten von SchülerInnen und Eltern in Fortbildungen für die LehrerInnen und pädagogischen Fachkräfte aufgearbeitet (EZ 7.6).

Die Schulleitungen verweisen darauf, dass sie durch „Stadtteil in der Schule" entlastet und Lehrkräfte und Mitarbeiter der Nachmittagsbetreuung beraten und unterstützt werden (J., Si., G.).

Die Projektmitarbeiterinnen verweisen auf die gute interne Einbindung und die hohe Akzeptanz bei Schulleitungen, Lehrkräften und Mitarbeiterinnen im Nachmittagsbereich (S., P., R.).

Die Mitarbeiterinnen des Nachmittagsbereiches stellen eine verbesserte Kommunikation an den Schulen fest und eine bessere Zusammenarbeit von Eltern, Lehrkräften und Mitarbeitern des Nachmittagsbereiches.

Für externe Stakeholder wird durch „Stadtteil in der Schule" die Schule geöffnet und eine Verbindung zu schulischen Akteuren hergestellt (L., Rö.).

### 5.2.4   Zielgruppe weitere Akteure in den Sozialräumen

Die Auswertung der Prozessevaluationen und der Experteninterviews zeigen, dass neben den Zielgruppen Kinder, Eltern und schulische MitarbeiterInnen auch wichtige Akteure in den Sozialräumen erreicht werden konnten und „Stadtteil in der Schule" strukturelle Auswirkungen hat, womit zur Wirkungskategorie 3 übergeleitet wird.

## 5.3    Wirkungskategorie 3 „Strukturelle Auswirkungen"

Die Auswertung der Prozessevaluationen und der Experteninterviews zeigen, dass
„Stadtteil in der Schule" Auswirkungen auf die Schulen und die Sozialräume hat.

### 5.3.1    Auswirkungen auf schulische Angebote und Strukturen

Am Standort Altmühlstraße konnten Freizeitangebote nachhaltig ermöglicht (EZ
3.1), zusätzliche finanzielle Ressourcen eingeworben (EZ 3.2) und klassenspezifische
Zusatzangebote angeboten werden, um Gruppenentwicklungen zu stärken (EZ 3.3).
Auch die innerschulische Vernetzung wurde verbessert (EZ 3.4). Regelmäßig gibt es
außerschulische Sprachangebote für Kinder (EZ 4.2). Informelle Bildungsanbieter
wurden in den Nachmittagsbereich der Ganztagsschule geholt (EZ 5.7). Ehrenamtliche engagieren sich in der Schule (EZ 5.6). So unterstützt bspw. „Seniorpartner in
School – Landesverband Niedersachsen e. V." kontinuierlich bei der Gewalt- und
Konfliktbewältigung in der Schule.

In der Grundschule Bebelhof konnten bewährte AGs beibehalten und neue AGs
initiiert werden (EZ 3.9) obwohl es im 1. Schulhalbjahr 2015/16, einen Einbruch gab,
da die Schule keine Honorarverträge mehr abschließen durfte, so dass der Grad
der Zielerreichung zuletzt nur bei 20 % lag. Es wurden Kooperationspartner zur
Förderung der Lernentwicklung wie „Schenk mit eine Stunde" oder das „Zentrum
für integrative Lerntherapie" aktiviert (EZ 3.4). Auch konnten niedrigschwellige
Beratungsangebote in der Schule geholt werden (EZ 3.5). Leider kann der ASD
keine Sprechstunde in der Grundschule Bebelhof anbieten. Die Kooperation mit der
Hans-Würtz-Schule (EZ 3.10) konnte gefördert werden. Die geplanten Abstimmun-
gen zwischen der Grundschule Bebelhof und der Hans-Würtz-Schule hinsichtlich
Unterrichtsanfängen und Pausenzeiten (EZ 3.11) waren leider nicht erfolgreich.

Am Standort Rheinring wurden migrationsspezifische Angebote (EZ 4.1) in
die Schule geholt und generationsübergreifende Angebote (EZ 5.2) auf den Weg
gebracht. So sind Mitglieder der Initiative ALTERaktiv als Lesepaten tätig. Die
vorhandenen räumlichen Ressourcen (EZ 7.2) konnten ausgeschöpft und eine
nahegelegene Turnhalle (EZ 7.3) für diverse AGs genutzt werden. Auch konnte der
„Pausenkiosk" (EZ 7.4) wieder aktiviert werden.

Die Schulleitungen verweisen darauf, dass vorhandene Ressourcen intensiv
genutzt und zusätzliche Ressourcen akquiriert werden konnten. Weiterhin auf die
Vernetzung von Vormittags- und Nachmittagsbereich und auf Angebote externer
Partner, die in der Schule präsent sind (G.). Die Angebotsvielfalt in den Schulen
konnte erweitert werden (G.). Auch aus finanziellen Gründen ist es sinnvoll, das

Projekt weiter zu führen (Si.). Doch wird auch auf Grenzen hingewiesen, bspw. in der Kooperation mit dem ASD der Stadt Braunschweig oder der Hans-Würtz-Schule am Standort Bebelhof (Si.).

Die Projektmitarbeiterinnen benennen die gute sozialräumliche Einbindung. Dies hat konkrete Auswirkungen auf Eltern und Kinder (S.) und führt dazu, dass Schulen auf Anfragen reagieren und Ressourcen akquirieren können (R., P.).

Für externe Stakeholder sind die Schulen durch „Stadtteil in der Schule" mehr in die Stadtteile gerückt, indem Schulen z. B. Räumlichkeiten zur Verfügung stellen und im Gegenzug durch Stadtteilinitiativen unterstützt werden (L., Rö.).

## 5.3.2  Auswirkungen auf die Sozialräume

In der Aktualisierung der Strukturevaluation in Kap. 2 wurde ein Schlaglicht auf die aktuellen Rahmenbedingungen in den drei Sozialräumen geworfen. Sie haben sich im Projektverlauf nur graduell verändert. Ein Projekt wie „Stadtteil in der Schule" kann strukturelle Ebenen wie Migrationsströme oder ökonomische Rahmenbedingungen natürlich nicht verändern, aber erfolgreich mithelfen, Strukturen in sozialen Brennpunkten zu stabilisieren, wie anhand einer Auswertung der Prozessevaluationen und der Experteninterviews gezeigt wird.

Durch „Stadtteil in der Schule" wurden vielfältige Verbindungen zu den Sozialräumen geknüpft. So wurden am Standort Altmühlstraße Netzwerkstrukturen unterstützt, gefestigt und ergänzt (EZ 5.2) und externe Unterstützungsangebote akquiriert (EZ 5.3), weiterhin konnte durch die Kooperation mit der Spielstube Hebbelstraße, die vier Nachmittagsgruppen an der OGS Altmühlstraße anbietet, der Kontakt zu Sinti- und Roma-Familien ausgebaut werden (EZ 5.4). Auch konnten die Übergänge zwischen den Betreuungs- und Bildungsinstitutionen (EZ 5.5.) verbessert werden. Weiterhin wurden Kooperation mit Stadtteiltreffpunkten aufgebaut (EZ 5.8) und Verbindungen zum Sozialraum der Rheinring Grundschule hergestellt (EZ 5.9). Die Mitarbeiterin von „Stadtteil in der Schule", vertritt die Schule bei den regelmäßigen Treffen in Gremien der Weststadt. Dazu zählen das Weststadtplenum, AGeWe und das Netzwerk Integration (EZ 5.10).

Am Standort Bebelhof konnten Netzwerke zum Übergang Kita – Grundschule aktiviert und stabilisiert (EZ 3.1) und ErzieherInnen in den Kitas über die Anforderungen der Schule informiert werden (EZ 3.2). Weiterhin wurden Kooperationen mit weiterführenden Schulen auf den Weg gebracht, um den Übergang zu erleichtern (EZ 3.3). Die Zusammenarbeit mit dem Jugendzentrum (EZ 3.6) konnte erfolgreich optimiert werden. Die MitarbeiterInnen des Jugendzentrums bieten Lesepausen und Pausengroßgruppenangebote an. Als Kooperationspartner für interkulturelle

Projekte (EZ 3.7) konnte die Volkshochschule Braunschweig gewonnen werden und bestehende Kooperationen mit „Schenk mir eine Stunde, Klasse 2000, Brückenjahr, Jugendzentrum TiB, Löwenkids" (EZ 3.8) konnten im Laufe des Projektes ausgebaut und gefestigt werden. Die Ehrenamtsstruktur konnte kontinuierlich ausgebaut werden (EZ 3.12). Die Kooperation mit dem Haus der Begegnung der Lebenshilfe (EZ 3.13) war leider nicht erfolgreich. Es gab wenig Interesse an einer Kooperation. Schlüsselpersonen im Sozialraum (EZ 3.14) und OGS MitarbeiterInnen wurden informiert und zusätzliche räumliche Ressourcen (EZ 3.16) akquiriert.

Am Standort Rheinring wurden Netzwerke gepflegt und ausgebaut (EZ 5.1, EZ 5.5). Es finden diverse Treffen zur Stärkung der Zusammenarbeit statt. Dabei werden auch vielfältige gemeinsame Aktionen geplant und umgesetzt. Ehrenamtliches Engagement wird unterstützt (EZ 5.3) und die Netzwerkqualität verbessert. Die Schule ist in den Gremien AG; ALTERaktiv; Weststadtplenum vertreten. Es konnten zusätzliche Ressourcen (EZ 7.1) akquiriert werden.

Auch in den Experteninterviews mit den Schulleitungen wird deutlich, dass „Stadtteil in der Schule" ein wichtiges Bindeglied zwischen Schulen und Stadtteil ist. Verwiesen wird auf die Vertretung in Gremien (J., G.) und den erfolgreichen Ausbau von Netzwerken (G.), die intensiven Kontakte zu umliegenden Kindertagesstätten oder den verbesserten Übergang zwischen Kitas, Grundschulen und weiterführenden Schulen (Si.).

In den Experteninterviews mit den Projektmitarbeiterinnen, wird deutlich, dass sie zu Schlüsselpersonen im Sozialraum wurden und erste Ansprechpartner für viele Akteure sind (S.). Sie weisen auf eine Fülle von Aktivitäten hin, u. a. auch auf die guten Kooperationen mit Kitas und weiterführenden Schulen (S.) und Kooperationen mit Familienzentren (R., P.) und Jugendzentren (S.).

Für die Mitarbeiterinnen des „Nachmittagsbereichs" stärkt „Stadtteil in der Schule" die Zusammenarbeit mit Kooperationspartnern und Ehrenamtlichen (K.) und führt zu einer Öffnung der Schule nach Außen und einer intensiveren Nutzung der schulischen Räumlichkeiten (K.).

Externe Stakeholder weisen auf die Netzwerkfunktion von „Stadtteil in der Schule" hin (Rö., L.). Sie machen deutlich, dass durch „Stadtteil in der Schule" zielgenau Sponsorengelder akquiriert und eingesetzt und entsprechende Aktivitäten stark ausgebaut werden konnten (N.-W.). Auch hat die Zahl der Ehrenamtlichen kontinuierlich zugenommen und am Standort Bebelhof konnten die Wohnbereiche Bebelhof und Zuckerberg besser miteinander verbunden werden (N.-W.).

Der Bezirksbürgermeister der Weststadt (Rö.) weist auf die erfolgreiche Integrationsfunktion der Schulen hin, die dazu führt, dass in sozialen Brennpunkten relativ wenig Probleme zu verzeichnen sind.

Die Ausführungen von Herrn Rö. können durch Aussagen aus der Aktualisierung der Strukturevaluation (vgl. Kap. 2) untermauert werden. Die Auswertung des aktuellen Zahlenmaterials macht einerseits deutlich, dass es sich bei den Sozialräumen nach wie vor um soziale Brennpunkte handelt, andererseits werden aber auch positive Tendenzen sichtbar. So sind am Standort Altmühlstraße bspw. die Fallzahlen der Jugendgerichtshilfe gesunken. Im Jahre 2012 lag die Zahl der Fälle bei 129. 2016 gab es lediglich 74 Fälle, so dass die Anzahl der Fälle um mehr als 1/3 gesunken ist. Am Standort Rheinring ist die Zahl der ambulanten Erziehungshilfen gesunken. Während es im Jahr 2012, 30 Fälle ambulanter Erziehungshilfen gab, ist die Zahl im Jahr 2016 stark gesunken, es gibt lediglich 18 Fälle. Auch werden zunehmend Anträge auf Förderung aus dem BuT-Programm gestellt. Am Standort Bebelhof kommen 2017 sechs Schüler, bei einer Gesamtschülerzahl von 130, aus dem Zuckerberg und weiteren angrenzenden Bezirken, 2013 waren dies nur drei.

„Stadtteil in der Schule" ist ein Schritt auf dem Weg zu einer von Frau J. beschriebenen Vision einer „anderen Schule" „Wo (...) auch Kultur und Beratung und Leben, Lernen alles gemeinsam stattfinden kann. Und (...) der Weg dahin, war für mich eben auch mit dem Projekt „Stadtteil in der Schule" verbunden. Das zu initiieren. Festgestellt hab ich jetzt im Nachhinein, dass das ein großes Projekt ist und dass es ein ganz kleines Pflänzchen ist, ein ganz kleiner Samen, der da vor drei Jahren angelegt wurde, und dass es ganz, ganz viel Zeit und Nervenstärke, Durchstehvermögen, Ressourcen benötigt, um meine Vision (...) Wirklichkeit werden zu lassen. Ich denk da (...) in 10, 20er Jahresbereichen, dass das mal so sein kann. Nichtsdestotrotz habe ich festgestellt, es ist ein Anfang gemacht und es wächst. Es wächst klein, ich hab es mir ein bisschen zügiger irgendwie vorgestellt. (...) Es hat (...) mit der Kultur zu tun, wie Eltern mit Schule umgehen, weil wir ja auch bis zu 80 % Kinder mit Migrationshintergrund haben. (Da) (...) deren Eltern (...) ein ganz anderes Verhältnis zu Schule haben und mit einem anderen Verhältnis aufgewachsen sind, ist es natürlich (...) schwer (...) gegenzusteuern und ein anderes Verhalten zu initiieren. Also (...) das ist ein ganz harter und langer Weg. Nichtsdestotrotz (...) toll, dass wir das angefangen haben, wir müssen da nur einfach weitermachen." (J.)

# Quellen

## Literaturverzeichnis

Friedrichs, J. (1985). *Methoden empirischer Sozialforschung.* 13. Aufl., Opladen: Westdeutscher Verlag.

Galetzka, S., & Liersch, C. (2016). Schulspezifische Erhebungen in den Grundschulen Altmühlstraße, Rheinring und Bebelhof. In L. Kolhoff & Ch. Gebhardt (Hrsg.), *Stadtteil in der Schule* (S. 83–128). Wiesbaden: Springer VS.

Kolhoff, L. (2016). Planung der Prozessevaluation. In L. Kolhoff & Ch. Gebhardt (Hrsg.), *Stadtteil in der Schule* (S. 143–230). Wiesbaden: Springer VS.

Kolhoff, L. (2016). Zusammenfassung der Aussagen der Strukturevaluation und abgeleitete sozialraumspezifische Projektziele. In L. Kolhoff & Ch. Gebhardt (Hrsg.), *Stadtteil in der Schule* (S. 129–142). Wiesbaden: Springer VS.

Kolhoff, L., & Gebhardt, Ch. (Hrsg.). (2016). *Stadtteil in der Schule. Planung eines Modellprojekts zur kindsbezogenen und stadtteilorientierten Armutsprävention.* Wiesbaden: Springer VS.

Marschik, N. (2016). Strukturevaluation. In L. Kolhoff & Ch. Gebhardt (Hrsg.), *Stadtteil in der Schule. Planung eines Modellprojekts zur kindsbezogenen und stadtteilorientierten Armutsprävention.* Wiesbaden: Springer VS.

Mayring, Ph., & Gläser-Zikuda, M. (Hrsg.). (2008). *Die Praxis der qualitativen Inhaltsanalyse.* 2., neu ausgestattete Aufl., Weinheim; Basel: Beltz.

Mayring, Ph. (2016). *Einführung in die qualitative Sozialforschung: Eine Anleitung zu qualitativem Denken.* 6., überarb. Aufl. 2016. Weinheim; Basel: Beltz.

Mayring, Ph. (2015). *Qualitative Inhaltsanalyse: Grundlagen und Techniken.* 12., überarb. Aufl. 2015. Weinheim; Basel: Beltz.

Schaffer, I. (2014). *Empirische Sozialforschung für die Soziale Arbeit.* 3. Aufl., Freiburg: Lambertus-Verlag.

Stadt Braunschweig (Hrsg.). *Fachbereich Kinder, Jugend und Familie, 51.04 Jugendhilfeplanung.* Eiermarkt 4–5, 38100 Braunschweig, Stichtag 31.12.2016 (unveröffentlicht).

Stadt Braunschweig (Hrsg.). *Referat Stadtentwicklung und Statistik.* Reichsstraße 3, 38100 Braunschweig, Stichtage: 31.12.14; 31.12.2015 (unveröffentlicht).

Witzel, A. (1982). Das problemzentrierte Interview [26 Absätze]. Forum Qualitative Sozialforschung / Forum: Qualitative Social Research, Januar 2000 [On-line Journal], 1(1).

© Springer Fachmedien Wiesbaden GmbH, ein Teil von Springer Nature 2018
L. Kolhoff (Hrsg.), *Sozialraumorientierte Schulsozialarbeit,*
https://doi.org/10.1007/978-3-658-20307-8

Verfügbar über: http://www.qualitative-research.net/fqs-texte/1-00/1-00witzel-d.htm
[Datum des Zugriffs: 1.4.2017]. In A. Witzel (Hrsg.), *Verfahren der qualitativen Sozial-*
*forschung. Überblick und Alternativen.* Frankfurt/New York.

# Verzeichnis der Anhänge und Anlagen der Evaluation

Das Projekt ist bis ins Detail hinein dokumentiert. Im Anhangverzeichnis werden
Unterlagen, die für die Aktualisierung der Strukturevaluation genutzt wurden, die
Prozessevaluationen der fünf Schulhalbjahre und die Auswertungen der Exper-
teninterviews mit den internen und externen Stakeholdern aufgelistet. Die den
Prozessevaluationen zugrundeliegenden Dokumentationen und die Transkripte
der Experteninterviews werden im Anlagenteilverzeichnis aufgelistet.

## Verzeichnis der Anhänge

## Verzeichnis der Anlagen

The manufacturer's authorised representative in the EU is Springer
Nature Customer Service Centre GmbH, Europaplatz 3, 69115 Heidelberg,
Germany. If you have any concerns regarding our products, please
contact ProductSafety@springernature.com

Printed and bound by CPI Group (UK) Ltd, Croydon, CR0 4YY
05/05/2026
02097668-0002